働く力を君に

鈴木敏文
構成　勝見明

講談社

はじめに――何のために働くのか

鈴木敏文

人は何のために働くのでしょう。働くうえでの幸福感とは何なのか。

もちろん、収入を得るためもあります。もしそれだけだったら、給料の高い会社は社員が定着し、反対に給料が少しでも安い会社は離職率が高まるはずですが、必ずしもそうではなく、逆の場合もあります。

人間は「考える生きもの」であり、経済的な収入だけが目的ではないはずです。

よく、人は「自己実現」のために働くといわれます。では、自己実現とは何でしょう。

わたしも普段、何のために働くのか、特に意識して働いているわけではありませんが、自己実現とは突き詰めて考えると、究極的には「自己満足」に行き着くように思います。

「自分だけが満足する」という意味合いではなく、「自分で納得し、満足できるような働き方」を求める。それがお客様をはじめ、周囲の満足にも結びつく。だから、仕事にやりがいを感じ、達成感が生まれ、組織のなかでの自分の存在価値を見いだして、自己実現ができるようになるのではないでしょうか。

いくら会社の業績がよくても、自分の仕事に納得し、自分で満足できなければ、やりがいも達成感も生まれません。

どんなに給料のいい会社でも、どんなに一流の会社にいても、そこに自分の存在価値を感じられないことほど、つらいものはありません。

わたし自身、三〇歳のとき、自分で納得し、自分に満足できる働き方を求めて、それまで勤めていた会社を辞め、一歩踏み出しました。その一歩がなければ、間違いなく、いまのわたしは存在していませんでした。最初にわたしの原点となった体験の話をさせていただきます。

わたしは大学卒業後、出版取次大手のトーハン（当時は東京出版販売）に就職し、入社当初は出版科学研究所に籍を置き、二〇代後半は弘報課で、『新刊ニュース』という隔週刊の広報誌の編集を任されていました。「読書家向けの冊子だから」と、内容は新刊目録が中心で、わたしは毎日出版される何十冊もの本に目を通し、紹介文にまとめる仕事に明け暮れました。

無料配布で発行部数は五〇〇〇部です。苦労してつくるのだから、もっと部数を増やしたいと思っても、上司は「これ以上宣伝費はかけられない」といいます。そこでわたしは、読書家もほっとする息抜きの冊子がほしいのではないかと考え、新刊目録のページ数を減らして軽めの読み物を増やし、一冊二〇円で販売する改革案を出しました。

上司は、「経験からしてそう簡単に売れるもんじゃない」と取り合ってくれませんでしたが、別の部署の上司が社長に案をあげてくれたことで、社長の目にとまり、改革案は日の目を見ることになります。刷新版は大作家や人気作家の原稿が人気を博し、部数を五〇〇〇部から一三万部に伸ばすことができました。

実際、出版取次業の強みで版元を通せば、どんな著名作家や人気文化人にもご登場願えました。当時はほとんどメディアに出ていなかった文豪の谷崎潤一郎さんにも快諾してもらえたほどです。

それが逆に、自分の生き方に対する疑問を浮き上がらせていくことになります。

仕事でどんな大作家にも著名人にも会えるのはトーハンというバックがあるからで、自分の力ではない。マラソンにたとえれば、みんなは一生懸命走っているのに、自分だけ自転車に乗っているようなものではないか。各分野で個人として活躍される人たちに会うたびに、逆に自分の小ささや仕事へのもの足りなさを感じるようになったのです。

そんなとき、仕事で知り合ったマスコミ関係者とテレビ番組を制作する独立プロダクションを設立する話がもち上がりました。昭和三〇年代後半で娯楽の主役は映画からテレビに移りつつありました。「やるべき価値がある」と思い立ち、さっそくスポンサーを探すことになって、友人が出入りしていた縁で訪ねたのがヨーカ堂（現・イトーヨーカ堂）でした。

わたしは、その社名はおろか、スーパーという業種についても知らないほど、流通業にはまったく関心がありませんでした。それでも、対応してくれた経営幹部から、「うちに来てやったらどうだ」と誘われ、転職を決意します。

トーハンは大手企業、ヨーカ堂は当時はまだ店舗数が五店の中小企業。知り合いから、「よほど悪いことをしたのか」とからかわれたほど、通常では考えられない転職でした。

いまから思えば、それほど仕事のやりがいや自分の存在価値を求めていたのでしょう。

ところが、これが思わぬ展開になります。経営幹部は人材がほしかっただけで、独立プロについてははなからその気はなく、話は立ち消えになってしまいます。失敗でした。

でも、前の職場の上司や仲間、親兄弟の猛反対を押しきって転職した以上、「話が違ったので辞めます」とは意地でもいえませんでした。

この経緯が物語るように、わたしは流通業がやりたくてヨーカ堂に入ったわけではありませんでした。ただ、すべては自分の責任です。だからこそ、成長途上にあった会社が抱えるさまざまな問題や課題について、自分から次々と改革を仕掛け、挑戦していきました。それも、仕事のやりがいや存在価値を求めていたことからのように思います。

一九七四年のセブン-イレブンの創業も挑戦のひとつです。ただ、最初から成功したわけではなく、これもある〝失敗〟からすべてが始まります。

当時、スーパー業界は新規出店のたびに地元商店街から反対運動をうけるようになり、三九歳でヨーカ堂の取締役になっていたわたしは他の幹部と交渉の矢面に立ちました。

交渉の場で、こちらが「大型店と小型店の共存共栄は可能です」と訴えても、「そんなのは強者の論理だ」「できるわけがない」と相手は聞く耳をもちません。

そんなとき、アメリカへ大型店の視察に出かけ、カリフォルニアを移動中、たまたま休憩で立ち寄ったのがセブン-イレブンの店舗でした。帰国後、調べてみると、全米で四〇〇〇店のチェーンを展開する超優良企業でした。

これは相当な仕掛けがあるに違いない。日本で活かすことができれば、大型店との共存共栄のモデルを示せるはずだ。そう考え、日本での創業を提案します。

社内外から猛烈な反対にあいながらも、アメリカの運営元であるサウスランド社と難交渉に難交渉を重ねた末、ようやく契約にこぎ着けます。ところが、初めて開示された二七冊に及ぶ分厚い経営マニュアル書は、店舗運営の初心者向け入門書のような内容ばかりで、どこを訳しても求めていた経営ノウハウはなかったのです。

しかし、社員たちには「こんなのは勉強しても無駄だ」とは、とてもいえませんでした。当時、ヨーカ堂の人事部長でもあったわたしとしては、社内の者を権限を使って猛反対された事業に異動させるわけにいかず、その社員たちも、新聞広告で募集し採用したばかりのメンバーです。前職は航空自衛隊のパイロット、弁護士事務所の事務員、労働組合（ゼンセン同盟＝現・連合）の専従などさまざまで、ほとんどが小売業の経験をもたない、いわば素人集団でした。

素人集団で日本初の本格的なコンビニエンスストアチェーンの仕組みをゼロからつくり上げる。それには、既存の流通の常識や商慣習を、猛反発をうけながらも次々打破していく必要がありました。

挑戦しては壁を破り、また挑戦しては不可能を可能にする。まさに挑戦の連続でした。

一号店から二年後、総店舗数が一〇〇店に到達します。記念式典のため、来日したサウスランド社のトップは、激しい交渉をした相手でしたが、「サウスランド社がアメリカで一〇〇店をオープンするのに二五年かかった。日本ではこれを二年でやりとげた」と賞賛の言葉を贈ってくれました。

それをうけて挨拶に立ったわたしは、加盟店オーナーとご家族の前で感きわまり、言葉につまって、思わず涙がこぼれました。初めは五店舗になったら先が見えるのではないかと思い、いや一〇店舗になったら、五〇店舗になればと一店一店積み上げながら、何とかいけそうだとかすかに自信めいたものをもてたのが一〇〇店舗目でした。

後にも先にもこのとき以外、仕事で涙したことはありません。


すべてについて、自分たちの頭で何をすべきかを考え、実行し、挑戦していく。

それがセブン‐イレブンの強さを生み、挑戦のDNAが受け継がれ、いまも他の大手チェーンとは一店舗あたりの平均日販で一二万円以上開きがあるほど、実力の差となって表れています（セブン‐イレブンの全店平均日販は六五万五〇〇〇円＝二〇一五年二月期）。

この本のベースに流れるテーマも、挑戦です。

挑戦というと、困難のイメージもともないます。実際、挑む対象によっては困難なこともあるでしょう。わたしが発案した自前の銀行であるセブン銀行の設立も、けっして容易ではありませんでした。

金融業界を中心に否定論がわき上がり、メインバンクのトップからも、「銀行なんてそんなに簡単にできるものじゃないからおやめなさい」と忠告されました。

ただ、わたしは銀行の設立について、そう難しくは考えていませんでした。それは、金融業の側の既存の常識から考えるのではなく、お客様の側から見て考えていたからです。

すべてを「お客様の立場で」考える。それは、わたしの一貫して変わらない視点です。

銀行と利用者の関係でいえば、かつては利用者が銀行の都合に合わせていました。しかし、時代は明らかに変化していました。お客様の側から見れば、近くにある二四時間営業のコンビニ店舗にＡＴＭ（現金自動預払機）が設置されれば、利便性が飛躍的に高まります。

だから、コンビニ店舗のＡＴＭで小口現金の出し入れができる仕組みをつくればいいと、ものごとをシンプルにとらえ、そのとおりに実現していったのです。セブン銀行のＡＴＭは、いまはわたしたちのグループ以外のさまざまな施設にも設置され、ひとつの社会インフラになっています。

常識とは過去の経験の蓄積です。世の中が変化しているとき、常識にとらわれることほどこわいものはありません。

売り手側、あるいは、つくり手側の既存の常識では困難に思えることでも、お客様の側から見て、本質的に何が重要かを考え、ものごとをシンプルにとらえれば、迷うことなく決断し、挑戦できる。すると、世の中の常識のほうが変わっていきます。

わたしがこれまで既存の常識をくつがえす数々の挑戦を行い、不可能を可能にすることができたのは、常に「お客様の立場で」考えるという変わらない視点をもち、何が本質なのかを見抜いて、ものごとを単純明快に発想し、やるべきことを考えたからでした。

日々の仕事は与えられるものだから、挑戦はなかなかできないと思っている人もいるかもしれません。そうではなく、仕事はみんな同じように与えられるものだからこそ、自分から一歩踏み出す挑戦が必要なのです。

かつて需要が供給を上回った時代、いわゆるもの不足の時代には、昨日売れたものは今日も売れ、他社がつくって売れたものを自社でものまねしてつくっても売れました。そのため、前例にならったり、人の話を聞いて学んだりする「勉強する力」や、前例を覚える「記憶力」が求められました。

しかし、いまは供給が需要を上回る供給過多の時代、いわゆるもの余りの時代で、しかも、需要側のお客様のニーズがめまぐるしく変化しています。

何より重要なのは「変化対応」であり、それには新しいものを自分の頭で考え、生み出していかなければなりません。既存の常識を鵜呑みにしない「疑問を発する力」、お客様が求めるものを読み取る「理解力」、本質は何かを深掘りする「分析力」をもって、挑戦していくことが何より必要です。

もちろん、挑戦は一〇〇パーセント成功が保証されているわけではなく、ときには失敗もともないます。わたし自身、すべてがうまく進んできたとはいえず、反省の連続です。

しかし、失敗をおそれたら挑戦はできません。


変化の時代にも「答え」は常にお客様のなかにあります。ただ、その答えは目に見えず、お客様自身気づいていないため、そこには可能性とともに不確実性もあります。そのため、挑戦しようとすると、まわりから過去の経験をもとに反対されることもあるでしょう。

それでも、自分のなかである程度の可能性が見えたら、挑戦すべきです。

みんなに反対されることはたいてい成功し、みんなが賛成することは失敗する。

変化の時代には、新しいことに挑戦しないほうがリスクが高いのです。


挑戦は特別なことではなく、実は誰もが自分の生活のなかでやっていることです。一〇〇メートルを一五秒で走っていた人が、いきなり一〇秒を目指そうとしても、それは無謀でしかありません。しかし、自分の実力を伸ばそうと、さまざまなトレーニングを自らに課しながら、記録を〇・五秒ずつでも短縮しようとするのは、挑戦といえます。気づいたときには、自分でも驚くほど実力がついている。

誰もが新たな学校へ進んだとき、新たな会社に入ったとき、未知の世界のすべてが新鮮で、ひとつひとつ新しいことに挑戦し、ある日、気づいてみると、自分の世界が広がっている。仕事における挑戦も基本的には同じです。

もちろん、組織のなかにいると、人間関係など、いろいろな悩みが生まれるでしょう。ただ、悩みは誰もがもっています。大人だけでなく、小学生にも小学生なりの、中学生にも中学生なりの悩みがあります。ところが、多くの場合、人は自分だけが悩んでいると思いがちです。悩みはあって当たり前なのです。

わたし自身、悩むことはしょっちゅうあります。ただ、多少、年を重ねてきた経験からいえば、悩みはいつか乗り越えられます。大切なのは、我慢していれば、誰かが解決してくれるわけではなく、自分で挑戦することによってのみ、悩みは乗り越えられるということです。それも自分の頭で考え、実行していかなければなりません。

挑戦するからこそ、自分で満足できる働き方ができるようになり、やりがいや働きがいが生まれ、存在価値を感じられる。もちろん、満足してもそこでとどまったら終わりで、また次のステップへと一歩踏み出していく。そうして挑戦を続けていけば、それまでは到達できなかったことも、実現できるようになります。

　セブン-イレブンでは、全国各地の店舗を回って経営相談を行う約二五〇〇人のＯＦＣ（店舗経営相談員＝オペレーション・フィールド・カウンセラー）を隔週で東京の本部に集め、ＦＣ会議を開き、わたしも「会長講話」と題して、自ら三〇分から一時間ほど、フェイス・トゥ・フェイスで直接語りかけます。

　この会長講話でわたしが社員たちに毎回、徹底してたたき込むのも、日々仕事で挑戦するため、自分の頭で考える仕事の仕方であり、常にどのような視点をもち、どのような発想が大切なのかという働き方の基本です。

　今回、「社会で日々仕事に取り組む多くの若い人たちにも伝えることができないか」とのご提案をいただいたことから、わたしの考えのエッセンスをまとめるかたちで本書を刊行することになりました。

　わたしはこれまでさまざまな局面で挑戦するとき、ものごとに対して、どのような視点をもち、どのような発想で考え、決断し、行動してきたのか。そして、人を動かすため、どのような伝え方をしてきたか。自分の仕事人生をなぞりながら、お伝えするひとつひとつのことがらが読者のみなさんの日々の生活と仕事において、お役に立てることを願ってやみません。

なお、本書は構成担当が項目ごとに読者の関心のある課題を設定し、それに対して、わたしが持論や自分の経験を披露するかたちで進行します。しばし、「講話」に耳を傾けるつもりで読み進んでいただければ、幸いです。

働く力を君に／目次

第3章 「シンプル思考」に徹する
――どこまでものごとを単純明快に考えられるか

第4章 心を揺さぶる「伝え方」

――組織も人も動かす心理を突く言葉

第5章　運をつかむ「生き方」
――前に進む人には失敗も成功の要因

ブックデザイン　鈴木成一デザイン室
撮影　若杉憲司

働く力を君に

第1章

「仮説力」を鍛える

――自分で答えを出せる人間が成果を得られる

1 すべては「本当にそうだろうか」と疑問を発することから始まる

セブン-イレブンの創業、コンビニでのおにぎりの発売、セブン銀行設立、価格ではなく品質重視のプライベートブランド（以下、ＰＢ）開発……と、鈴木氏はこれまで、日本の流通業の歴史を塗り替える数々の「新しいこと」を発案し、実現してきた。

これらに共通するのは、いずれも既存の常識や考え方に対し、「本当にそうだろうか」「なぜそうなのか」と疑問を発することから、すべてが始まっていることだ。

なぜ、既存の常識に流されないのだろうか。成果に結びつく働き方の出発点として、疑問を発することの大切さを、鈴木氏は次のように語る。

わたしは既存の常識や考え方に対して、常にクエスチョンを発し、「本当にそうだろうか」「なぜそうなのか」と、問い直すことを自らに課しています。それは、頭のなかをまっさらにし、視点を変えて考えると、世の中に流布する〝本当のようなウソ〟が見えてきて、ものごとの本質をつかむことができるからです。

わたしが新しいことを始めようとすると、その都度、必ずといっていいほど、反対論や否定論がもち上がりました。セブン-イレブンの創業についても、「大規模店が隆盛をみせるなか、小型店が大型店と競争して成り立つはずがない」と誰もが考えました。——でも、本当にそうなのか。

商店街の小型店が競争力を失ったのは、本当はスーパーの進出という要因以前に、取り扱う商品が市場のニーズの変化に取り残されていたことや、生産性の低さが根本的な原因で、その問題を解決すれば、小型店と大型店は共存できるはずと、わたしは考えました。

コンビニでの弁当やおにぎりの発売については、「そういうのは家でつくるのが常識だから売れるわけがない」とみんなにいわれました。——本当にそうか。

弁当やおにぎりは、日本人の誰もが食べるからこそ、逆に大きな需要が見込まれるはずだと、わたしは考えました。

セブン銀行についても、「収益源がＡＴＭ手数料だけで成り立つはずがない」と否定論の嵐です。——なぜそうなのか。

わたしは既存の銀行の延長上ではなく、二四時間営業のコンビニの店舗にＡＴＭが設置されれば、利便性は飛躍的に高まり、ニーズに応えることができるので経営は成り立つのではないかと単純明快にとらえました。

ＰＢのセブンプレミアムについては、「流通のＰＢ商品は低価格でないと売れない」と社内からも異論噴出です。ＰＢ商品の特徴は流通がメーカーとチームを組み、企画から販売まで一貫して行うため、営業コストやマーケティングコストが抑制されることにあります。その抑えられたコストを使って品質を高めれば、既存のＰＢ商品と差別化された新しい商品を生み出せるはずです。

「本当にそうか」「なぜなのか」と疑問を発すると、反対論や否定論は既存の常識や過去の経験に縛られているだけで、実は問題の本質を突いていないことがわかるのです。

疑問を発したら、次に「仮説」を立てる

ただ、疑問を抱くだけでは先には進めない。鈴木氏の疑問の発し方の特徴は、既存の常識や過去の経験にとらわれず、「こうすればこうなるのではな

いか」「こういうことができるのではないか」という自分の考えと常に一体となっていることだ。

それを鈴木氏は「仮説」と呼ぶ。日本を代表する経営者の判断力を支えるのは、この「仮説」という考え方だ。

「本当にそうなのか」と問い直すと強い問題意識が生まれます。この問題意識から生まれるのが「仮説」です。

セブン‐イレブンの創業も、「商品の価値と生産性を高めれば小型店でも成り立つはず」という仮説があったから、踏みきることができました。コンビニの弁当やおにぎりも、「よい材料を使い、徹底的に味を追求して、家庭でつくるものと差別化していけば、必ず支持される」と仮説を立て、反対論を説き伏せました。

セブン銀行も、「低コストのATMを開発できれば収益源が手数料だけでも成り立つのではないか」という仮説のもとで、従来は一台八〇〇万円を超えたATMを二〇〇万円程度で開発し、低コスト運営を実現しました。

セブンプレミアムも同様です。流通業のPB商品も従来は、「メーカーのナショナルブランド（以下、NB）より安い商品」という位置づけが一般的でした。ただ、セブンプレミアムが発案された二〇〇六年の時点で、わたしは消費不況下にあっても、価格の安さだけでなく、質のよさを求めるお客様が増えていることを確信していました。

質の追求より、低価格の商品をつくるほうが実は容易です。そのため、仮に六割のお客様が低価格を求めているとしたら、売り手の大半はそちらを選ぶでしょう。しかし、たちまち飽和状態になり過当競争に陥ります。

一方、質を求めるお客様は四割にすぎなくても、差別性の高い商品でニーズに的確に応えたら圧倒的な支持を得られます。その仮説は、セブンプレミアムの大ヒットによって正しさが証明されました。

自分の頭で考えなければ、チャンスは引き寄せられない

チャンスは誰にも平等にありますが、チャンスを活かせるかどうかの違いは、才能ではなく、ものの見方であり、仕事の取り組み方です。

試験の成績の優秀さではかれれば、どの会社にもたくさん優れた人がいるでしょう。

しかし、成績の優秀さよりも、はるかに重要なのは、ひとりひとりがどのような考え方で仕事に立ち向かっていくか、その人の仕事の取り組み方です。

その取り組み方の起点は、世の中でいわれていることを簡単には鵜呑みにしないことです。

「本当にそうなのか」と、常に問題意識をもってクエスチョンを発し続け、自分で掘り下げて考える習慣を身につけることです。

すると、日々起きるさまざまな出来事の本質を見抜く理解力がついていきます。

本質を見抜けば、「こうしてみればどうか」「こういうことができないか」という仮説が自ずと浮かび上がってきます。

疑問を発することなく、鵜呑みにしているほうが頭の労力はかからず、楽でしょう。

だから、誰もが無意識のうちに鵜呑みにするほうに流れてしまう。ただ、自分の頭で考え、仮説を立て、答えを出す力をつけなければ、チャンスを引き寄せることはできません。

自分の頭で考え、答えを出さなければ、成果には結びつかない。頭の労力を費やすからこそ、成果として報われるという単純明快な原理を忘れてはならないということだ。

2 いま「二匹目のどじょう」では成功できないと考えよ

なぜ、自分の頭で考え、仮説を立て、答えを出していかなければならないのか。「二匹目のどじょう」が成功に結びつく時代ではなくなったからだと、鈴木氏は話す。

かつてのもの不足の時代には、柳の下のどじょうが何匹もいましたから、誰かがあそこでどじょうをとったら、自分もそこでとってみようということがありえました。

しかし、いまは柳の下にどじょうが一匹いるかどうかもわからない時代です。どじょうがどこにいるのか、自分で探し当てなければならない。だから、自分の頭で考え、仮説を立てる力が問われるのです。

以前、アイドルグループＡＫＢ48の総合プロデューサーとして手腕を発揮されている秋元康さんと、セブン&アイグループの広報誌で対談させていただいたときも、「柳の下のどじょう」の話題になったことがあります。秋元さんも、「柳の下にどじょうは二匹いるかもしれないが、二匹目のどじょうは小ぶり」として、こう断言されました。

「『食べるラー油』が流行《はや》ると、その次に何がヒットするかを考えるとき、『生七味』とか似たような商品の枠のなかで考えてしまいます。しかし、そのなかには大ヒットするものは、もうないんです」

二番手商法で儲かってきた有名企業もありますが、それはもう、完全に過去の話なのです。

AとAダッシュはお客様から見れば同じ「A」

「Ｆｒａｎｃｆｒａｎｃ（フランフラン）」といえば、二〇~三〇代の女性たちから圧倒的な支持を集めるファッション性の高いインテリア、雑貨の専門店です。経営母体のバルス（現在はセブン&アイグループの傘下企業）の創業社長の髙島郁夫《ふみお》さんと対談させていただいたときも、「脱・二匹目のどじょう」の話になったことがあります。

フランフランでは「定番」という考え方がなく、年間に三割は商品を入れ替えて、新陳代謝をはかるそうです。髙島さんは商品の改廃を行うにあたって、商品開発担当にこう指示するといいます。

現在のAという商品をAダッシュにする程度の開発は認めない。Aを必ず、Bなり、Cなりにしていくような革新を続けていかなければ、お客様に飽きられてしまうと。

わたしたちは、ヒットしているAという商品を見ると、つい、Aの延長上にあるAダッシュのような商品を考えてしまいがちです。しかし、売り手からはAとAダッシュは違うように見えても、お客様から見れば、同じAなのです。Aではなく、BやCを考えなければならない。

セブンプレミアムももし、他のPB商品と同様に低価格路線を選択していたら、何匹目かのどじょうになり、いまのような評価は得られなかったのは間違いないでしょう。

柳の下のどじょうをねらうのは、要するに、「ものまね」をするということです。ものまねは絶対、本物以上にはなれないし、トップをとることもできない。ものまねをしているかぎり、成功はありえません。

新しい発想のほうがものまねより楽である

流通業界では一般的に、同業他社の他店見学が「マーケットリサーチ」と称して行われるが、鈴木氏は社員たちに他店見学を禁止したことがあった。その理由をこう話す。

なぜ、他店見学を禁止したのか。人間はたいてい、よい例を見ると、そのよさを取り入れようとする心理がどうしても働いてしまうからです。単に「ものまねはするな」といっても、社員にはなかなか具体的な実感として伝わりません。そこであえて、「他店を見てはならない」という厳しいいい方をして徹底させた。それほどまでに、人間は無意識のうちにも、ものまねに傾いてしまうのです。

ものまねをするのとしないのとでは、どちらが本当は楽なのでしょうか。ものまねをするほうが一見、楽なように見えます。しかし、まねする相手が右に行けば右、左に行けば左に進む。一度ものまねをすると、絶えず相手の動きが気になって進む道が制約され、やがて同質の競争に巻き込まれます。

本当の競争力は自己差別化から生まれます。ものまねをせず、自己差別化をしていくには、新しいことに挑戦し、自分の頭で考え、答えを出していくことが求められるので、大変そうに思えます。

しかし、ものまねと違って、あらゆる方向に広い角度で自由な発想で考えることができる。そのほうがむしろ楽であるという発想に切り替えることが必要なのです。

ひまわりがブームのときにたんぽぽの種をまく

バルスの髙島さんはもともとは家具メーカーに勤務していた。あるとき、「家具業界は消費者の意見が反映されておらず、プロダクトアウト（企業が商品開発・生産・販売活動を行ううえで、売り手の都合を優先するやり方）になっているのではないか」と疑問に感じるようになり、そこで、顧客のニーズに即したビジネスをしたいと考え、バルスを起業し、フランフランをオープンした。鈴木氏はその考え方に共感したという。

わたしが髙島さんのお話のなかで、もうひとつ共感したのは、従来の家具店とはまったく違った発想を大事にするため、「同業他社にはまったく目を向けなかった」ということでした。髙島さんは、同業が何をしているかなど、まったく考えず、会社を設立してから十数年間、外部の同業の人とはほとんど会うこともなかったといいます。

自分たちの土俵をしっかりつくらないと、他社と激しい競争をしなければならない。まず、自分たちの土俵をつくることに専念して、独自の世界を探求し続ける。そして、自分たちをお客様がどう評価してくださるか、それだけを見てビジネスに取り組んだそうです。

横を見ているうちは、相手と同じ土俵で激しい競争をしなければなりませんが、「自分たちの土俵」ができれば、いたずらに競争に巻き込まれることなく、自分の頭で考えた独自性を打ち出すことができます。

前出の秋元さんもことあるたびに、こういういい方をされるそうです。

「ひまわりがブームになっているときには、たんぽぽの種をまこう」

国民的アイドルグループとなったＡＫＢ48もそうして生まれたのでしょう。「柳の下のどじょう」ではなく、「ひまわりがブームになっているときのたんぽぽの種」を自分で考えつく力が求められるのです。

3 仮説を立てるとは「ストーリー」を考えることである

わたしたちは「仕事」と「作業」をよく同じ意味で使う。しかし、鈴木氏によれば、決定的な違いがあるという。ポイントは「仮説」が入っているかいないかだ。

「仕事」と「作業」はどう違うのか。作業はあらかじめ正しい答えがわかって行うのに対し、仕事は自分で答えを出していかなければなりません。

大阪へ出張に行って取引先と交渉してくるとき、大阪へ行くこと自体は誰でも行き方の答えを知っているので、作業にすぎません。一方、交渉は相手とのあいだで答えを導き出し、問題解決をしなければならないため、仕事になります。

ただし、自分で導き出した答えが正しいかどうかは、それを考えた時点ではわからないため、あくまでも「仮説」です。

その仮説はどのようにして立てればいいのでしょうか。

具体的に、セブン-イレブンの店舗では毎日、気象情報などをもとに翌日の売れ筋商品の仮説を立て、発注し、販売の結果をＰＯＳ（販売時点情報管理）システムのデータをもとに検証するという「仮説・検証」をくり返します。これをオーナーや店長だけでなく、パートや学生アルバイトも日々実践します。

この仮説の立て方について、わたしがよく例にあげるのが、次のような「海辺のコンビニの梅おにぎり」の話です。

海辺の町で釣り船の発着場へ続く道路沿いにセブン-イレブンの店舗があった。明日は週末で、天気予報では絶好の釣り日和。早朝、昼食を買いに立ち寄る釣り客の心理からすると、昼に気温が上がっても、傷みにくいイメージのものを求めるのではないか。「それなら梅のおにぎりが売れるのでは」と仮説を立てて、多めに仕入れておく。

当日は棚の梅おにぎりのところに、釣り客の昼食用にすすめる手づくりのＰＯＰ広告でも用意しておく。来店する釣り客は、梅おにぎりがフェイス（陳列面）を広くとって並べられているのを見て、心理を刺激されて手を伸ばす。そして、自分たちのニーズに応える商品が豊富に品揃えされている店だと満足し、今後も引き続き利用しようと考える。

これは店側が釣り客に向けて発した「メッセージ」が伝わったことを意味します。

流通業や小売業の場合、商品の発注とは「売り手としての意思」そのものです。「売れた」からでも、「売れている」からでもなく、「売れると思う」から発注する。

意思のある発注とは「明日のお客様」に向けたメッセージであり、そのメッセージは仮説を立てることによって生まれます。

最近は「仮説を立てて仕事をする」といったいい方が広く見られるようになりましたが、実態を見ると、仮説の意味合いが曖昧なまま使われたり、情報もとらず、単なる予測や勝手な思いつきでも、仮説を立てたつもりになっているケースが多く見受けられます。

しかし、仮説は「明日のお客様」に向けて発信するメッセージでなければなりません。

これは流通業ばかりでなく、商品の発注を商品の開発やサービスの開発にいい替えれば、製造業やサービス業にもあてはまるのです。

「モノ」ではなく「コト」を売る

なぜ、仮説を立て、売り手から顧客に向けてメッセージを発信しなければならないのか。消費が飽和したいまの時代は、「どんな商品がほしいか」、顧客自身もわからないからだという。

いまはお客様自身に「こんな商品がほしい」という意見のない時代で、現物を提示されて初めて、こんなものがほしかったと気づきます。そのため、「今日のお客様」に明日はどんな商品がほしいか聞いても、いまないものについては答えられない。

しかも、ニーズがめまぐるしく変わるため、「明日のお客様」の求めるものも変わり続け、お客様自身もわからない。だから、「明日のお客様」に向けて、メッセージを発信する必要があるのです。

メッセージとしての仮説を立てるとき、根底にあるのは同じ「おにぎり」でもできるだけお客様に満足してもらいたいという思いです。なんら仮説も立てず、適当に発注しているかぎり、それは単に梅おにぎりというモノにすぎません。

一方、自分なりに仮説を立てて発注すれば、そこに意味が込められ、単なる梅おにぎりから「陽気のいい日の釣りの昼食には梅おにぎりがいいのでは」というコトに変わります。

仮説を立てるとは、お客様にどんなコトをメッセージとして伝えるか、そのストーリーを考えることであり、お客様はそのストーリーに共感して買う。このとき、お客様と売り手とのあいだで強い関係が生まれるのです。

「おや？」と思わせて予定調和を壊す

仮説を立てるとは、顧客が共感するストーリーを考えることである。その際のひとつのポイントを、前出の秋元康氏が鈴木氏との対談のなかで指摘している。顧客に「おや？」と思わせることが大切で、それには「予定調和を壊すような提案が必要」だという。

予定調和とは、「誰もが予想する流れどおりにものごとが進み、結果も予想どおりである」という意味合いだ。

海辺のコンビニの例でも、釣り客用の昼食として、弁当類は誰もが予想する。釣り竿を片手で握りながら食べられるものとして、おにぎりも予想の範囲内だろう。ただ、そのなかでも「釣りと梅おにぎり」という組み合わせは、「おや？」と顧客の関心を引くことができる。予定調和の壊し方について、鈴木氏が話す。

新しい組み合わせや結びつきを提案したり、提供することを、秋元さんは「予定調和を壊す」と表現します。その一例として、「ココアとバターと文庫本」の組み合わせをあげます。

ヨーロッパでは、冬にはココアに少量のバターを入れてコクを増す飲み方があるそうです。

しかし、日本ではほとんど知られていません。

そこで、「秋から冬の夜長には、ひとかけらのバターを入れた温かいココアを片手に文庫本を読もう」と提案をしたら、そのストーリーを多くの人が「おや？」と新鮮に感じる。

そんな「おや？」という感覚を提供するには、提案する側自身が日常生活のなかで「おや？」と思うような「気づき」を常にもつことが重要だといいます。

みんなと同じ方向を向き、同じ柳の下を見ていては、気づきはなかなか生まれません。

ココアは飲み物であり、バターは食べ物であり、文庫本は読み物で別物であると考えるのが普通ですが、そうした売り手側の区分けに対し、本当にそうなのかとクエスチョンを発する。

そして、お客様から見れば、つながるものがあるのではないかと考えるところからストーリーが浮かび、メッセージとしての仮説が生まれ、ココアとバターと文庫本というモノがコトへと変わる。

予定調和を壊すためにも、常にクエスチョンを発し続けることが大切なのです。

4

「ねらえ、撃て」から「撃て、確かめろ」へ

変化の激しい時代には「明日のお客様」が求めるものは見えにくいが、「昨日のお客様」が求めたものは、販売データの数字になって表れる。人間は目に見えるものに目を奪われやすいため、「昨日のお客様」のデータを見て、ニーズはここにあると考えがちだ。

しかし、変化の時代には、「明日のお客様」はもうそこにはいないかもしれない。

コンビニの場合も、ＰＯＳデータが示す昨日までの売れ筋は、明日も売れ筋になるとはかぎらない。だから、仮説を立て、実行し、結果を検証する「仮説・検証」が重要になる。大ヒット商品の「金の食パン」も、「明日のお客様」の潜在的ニーズを読んだ仮説から生まれた。

「金の食パン」はなぜヒットしたのか

セブンプレミアムのワンランク上の高級版ブランド、「セブンゴールド」のシリーズで、「金の食パン」が二〇一三年四月から発売されました。わたしたちのグループではNBの売れ筋商品のほか、セブンプレミアムの食パンを販売していますが、金の食パンは、「もっとおいしい食パンをつくろう」とわたしが発案して開発した商品です。

限定仕様のスペシャルブレンドの小麦粉を一〇〇パーセント使用し、麦芽エキスを加えて熟成を進め、北海道産の生クリームとカナダ産の蜂蜜を加えて甘みの奥行きを出し、手で丸める工程も入れた逸品で、甘みともっちりとした食感が持ち味です。

値段は一斤六枚入りが二五〇円（当時の税込み価格）。NBの食パンより五割以上高く、従来のPB商品の二倍の値段にもかかわらず、おいしさが支持され、発売二週間で販売個数六五万個を突破します。計画を五割上回る売り上げはその後も加速し、NB商品の二倍、年間で実に三五〇〇万食という驚異的な実績をあげて、大ヒット商品になりました。

それまで、一斤二五〇円の食パンなど、わたしたちのグループの店頭には並んでいませんでした。それでも、「もっとおいしい食パンがつくれるはずだ」「お客様ももっとおいしい食パンを求めているのではないか」という仮説を立てることで、潜在的なニーズを掘り起こすことに成功したのです。

これを射撃にたとえれば、「かまえ、ねらえ、撃て（ready, aim, fire)」ではなく、「かまえ、撃て、確かめろ（ready, fire and aim)」ということかもしれない。目に見える「昨日のお客様」のニーズにねらいを合わせて撃つのではなく、「明日のお客様」のニーズは見えなくても、仮説を立てて撃ってみて、結果を確かめるわけだ。

もし、「ねらえ、撃て」の発想で考えていたらどうか。一斤二五〇円の食パンなど店頭に並んでいなかったので、買う顧客がいるかどうか、ねらいようがなく、撃つ前に終わっていた。それに対し、「撃て、確かめろ」の発想で仮説を立て、明日の市場に向け、タマを撃ったことで潜在的なニーズに当てることができたのだった。

データは量だけでなく時間軸で見る

もちろん、「撃て、確かめろ」でも、「闇夜の鉄砲」であてずっぽうで撃っても簡単には当たらない。海辺のコンビニの梅おにぎりの例では、「明日は週末で天気は釣り日和」というニーズを予測させる情報をもとに仮説を立て、タマを撃ち、情報の向こうに見えないニーズを読んでいる。

この視点をもてば、「昨日のお客様」の販売データのなかに、「明日のお客様」のニーズを読むこともできると鈴木氏はいう。

「明日のお客様」の潜在的なニーズを察知させるような情報を、わたしたちは「先行情報」と呼んでいます。ＰＯＳデータは昨日までの販売データですが、実はそこからも、見方によって、先行情報を見つけ出すことはできます。

たとえば、ある商品について、Ｘ、Ｙ、Ｚの三種類があったとします。Ｘは五〇個、Ｙは四〇個、Ｚは三〇個売れたとします。次はどの種類をどれだけ仕入れればいいのか。結果のデータだけを見れば、売り上げトップはＸです。しかし、Ｘは必ずしも明日も売れ筋になるかどうかはわかりません。

データは単に結果の量だけではなく、時間軸も入れて見なければなりません。実は、Ｚは仕入れた三〇個が一日で全部売れたのに対し、Ｙは五〇個仕入れて二日間で四〇個売れ、Ｘは八〇個のうち三日間で五〇個は売れたとしたらどうでしょうか。

Zが一日で売りきれたのは、みんながこんなものがほしいと思っていた商品だったからで、Yが二日で四〇個売れ、Xが三日で五〇個売れたのは、Zが二日目以降は店頭になかったからかもしれません。

Zを買ったお客様の向こうには、多くの潜在的なお客様がいる可能性がある。そこで、Zこそ明日の売れ筋になるのではないかと仮説を立てて、思いきり多めに仕入れ、店頭でフェイスを広くとってアピールし、結果を検証する。

忘れてならないのは、販売データを記録として見るのと、マーケティングに使うのとでは、読み方がまったく違うということです。モノを簡単に買ってもらえない時代には、売れた量の結果データだけを見て明日に向けたマーケティングを考えるのではなく、数字の向こうにあるお客様の心理や動きを読まなくてはなりません。

それには、量の軸だけでなく、時間軸も入れ、ふたつの軸で売れ行きの動きをとらえる必要がある。すると、結果のデータからも先行情報を見つけ出すことができるのです。

「昨日のお客様」をねらっても顧客は先に進んでいる。「明日のお客様」のニーズは、先行情報をもとに仮説を立てて撃つことにより初めて浮かび上がることを忘れてはならないということだ。

5 「情報の価値づけ」ができなければ本当の情報たりえない

日々、あふれんばかりの情報に接しているなかから、仮説を立てるための先行情報は、どのようにしてつかめばよいのか。仕事をするうえでの大きなテーマだ。

鈴木氏によれば、情報は単に最新のものをたくさん集めればいいわけではなく、どうすれば情報を仕事に活かすことができるかが問題だという。鈴木流の情報術とはどのようなものか。

情報を活かすとは、「情報に価値づけをする」ことです。最新の情報をいかにこまめにチェックし、集めたとしても、それは単に情報に接しただけです。

また、最新の情報を収集しなければと焦ると、結局、情報に振り回されたり、自分は情報がなかなかとれないと落ち込んだりします。問題は、その情報に価値づけができるかどうかなのです。

個々の情報がどれほど自分の仕事に活かせるか、価値づけをし、自分の行動に結びつけたり、知識に転換できなければ、本当の意味での情報たりえません。多くの情報に接しても、自分はきちんと情報をとれていないのではないかと不安をぬぐえない人は、情報の価値づけができていないからです。

情報に価値づけをするには、基本となる自分の考え方をしっかりもつことが何より大切です。たとえば、わたしの場合、「モノが余り、消費が飽和した時代には経済学ではなく心理学で考えなければならない」というひとつの基本的な考え方をもっています。

この考え方をベースにして情報に接することで、情報の奥にある意味合いを自分なりに探り、持論をより確かなものにしていくのです。

くり返しますが、自分の考え方をしっかりもつには、少しでも疑問に思ったことについては、「本当にそうか」「なぜそうなのか」とクエスチョンを発する習慣を身につけることが何より重要です。

自分の頭で考える力と疑問を発する力は、表裏一体だからです。

まず自分の考え方をしっかりもつ。そのうえで価値づけした情報によって、考え方を補強するなり、補正するなりしていく。それが情報氾濫時代の情報活用術の基本です。

先行情報は向こうから「脳内フック」にかかるようにする

では、仕事に活かす情報をどうすればつかむことができるのか。情報は意識的に集めようとしても、なかなか集まるものではない。鈴木氏自身は、どのように情報を収集しているのだろうか。

わたしはよく、「鈴木さんはいろいろなアイデアを発案しますが、どうやってもとになる情報を収集しているのですか」と聞かれます。

わたしの場合は、意識して情報を集めているというよりは、これはと思う情報が向こうから頭のなかのフック（カギ、釣り針）にかかってくるのです。

車に乗るときも、わたしはラジオをかけっぱなしにします。すると、印象に残った情報が無意識のうちにフックされている。社内でいろいろ話をするときも、こういうことがある、ああいうことがあったといろいろな情報が入ってくるなかで、これはと思う情報がフックにかかるのです。

簡単な話、人間、自分の趣味に関する情報は無意識のうちに取り込んでいるはずです。わたしの場合、芸能関係の話などはあまり関心がないので、聞いてもああそうなのかと思うぐらいで、別に引っかかりません。仕事に関する情報も同じで、関心があるものならこれはと思う情報が自然とフックにかかってきて、それがふと何かのとっかかりになるけれど、そうでないものもある。

そのフックを磨くには、自分の仕事について常に問題意識をもち、新しいことに挑戦しようとする意欲をもつことです。強い問題意識と挑戦する意欲をもって情報に接すれば、さりげない情報もフックにかかり、価値づけができるようになり、先行情報として活かすことができるでしょう。

セブン‐イレブンの店舗でも、常に明日の売れ筋を探ろうという問題意識や、新しい仕掛けを考えようという意欲のあるパートやアルバイトの人たちは、店の行き帰りにいろいろな先行情報を収集します。近くのビルやマンションの建築現場の日程表も意味ある情報として飛び込んできて、明日の工事の種類から、昼食を買いにやってくる現場関係者の人数が多いか少ないかを考えたりします。

何気ないものごとも、その意味合いを見抜けば、先行情報にすることができる。価値のある情報がどれだけ頭のなかのフックに引っかかるか。それが情報力を支えるのです。

新しい情報は「内」ではなく「外」にある

情報の収集でもうひとつ重要なポイントは、新しくて価値ある情報は多くの場合、「内」ではなく、「外」にあるということです。たとえば、セブン-イレブンでそれまで扱っていなかった弁当やおにぎりの販売を発案できたのも、店の外に目を向けたからです。

これまで行ったことのないところ、関心を向けなかった分野、関係が薄いと思い込んでいた世界……外に出ていくと、新しい価値ある情報が頭のなかのフックに引っかかる。

以前、イトーヨーカ堂のバイヤーたちに中国へ行かせて、商社を使わずに直接自分たちで商品を仕入れさせたことがあります。これも商社との既存のつきあいのなかではなく、外に出ていくことで、これまで接することのなかった価値ある情報を探し、新しい取り組みに挑戦させるためでした。

必要なのは、現状に対する問題意識と外へ踏み出していく意欲です。

6 世間の情報を鵜呑みにし「本当のようなウソ」に騙されていないか

情報に「価値づけ」をするには、基本となる自分の考え方をしっかりもつことが大切になる。そして、自分の考え方をしっかりもつには、情報に対し、「本当にそうか」と常に疑問をもって見る習慣をつける。

そのなかには、世の中に流布する情報も含まれ、特に注意すべきは、マスコミ報道だと、鈴木氏はいう。

なぜ、マスコミ報道はすべてを鵜呑みにしてはならないのか。わたしは以前、イトーヨーカ堂で広報部門を統括し、ヨーカ堂に転じる前は出版取次大手のトーハンの弘報課に在籍していたため、両社を合わせて、三〇年以上の広報担当の経験をもちます。

取材された後に出た記事を見て、「これは記者に話した内容とぜんぜん違う」と報道のズレを数多く経験してきました。マスコミはひとつの論調を決めると、情報をそれに沿うように報道する傾向があるからです。

たとえば、いま、日本のマスコミなどの論調では、日本が大変厳しい状態になり、格差社会が生まれていると喧伝されています。しかし、わたしたちが日々、店舗で接する日本の消費者の姿から浮かび上がるのは、依然、格差の少ない恵まれた社会です。

実際、家計の可処分所得の格差を示すジニ係数を見ると、日本は先進国のなかでも特に格差の大きい国ではありません。一方、欧米の格差の大きな国を見ると、格差問題があまり騒がれている様子はありません。ここで考えるべきなのは、むしろ、なぜ、格差の小さな日本のほうが過敏に反応しているのかという問題です。

この点に関し、幅広い知識を駆使して現代社会の課題に鋭く切り込む論説で人気の高い東京大学名誉教授の月尾嘉男さんに、対談でその理由についてうかがったことがあります。月尾さんによれば、「日本がこれまでの長らく続いてきた平等で豊かな社会に過剰適応した結果ではないか」ということでした。

日本は過去、欧米を追い抜け追い越せで成長を続け、平等で豊かな社会を実現してきました。しかし、いまは先進国のなかでももっとも速いペースで少子高齢化が進んでいます。

一方、世界はグローバル経済が拡大し、競争環境が大きく変化しつつあります。そうした世界の変化に対し、日本の既存の仕組みのままでは対応できなくなりつつある。従来のような平等で豊かな社会を維持できるのか。その先行きの不透明さが格差問題への敏感な反応になって表れている。つまり、これまでの豊かな社会への過剰適応が変化への対応力を鈍らせ、格差問題への不安を増幅させているというわけです。

もし、そうならマスコミの役割は、「格差社会が生まれている」と喧伝するより、世界的な変化への対応力の鈍化について、警鐘を鳴らすべきではないでしょうか。

マスコミでくり返される「コンビニ飽和説」のウソ

マスコミでくり返しささやかれる「コンビニ業界飽和説」も同様です。

コンビニは何も意識せず店内を見れば、どのチェーンも一見、同じように見えます。しかし、自分で買い物をする意識で見ると、ほしい商品があるかないか、商品がおいしいかどうか、それぞれに違いが出てきます。そのなかでお客様はどの店を選ぶか、その選び方が一店舗あたりの日販の差に表れます。

セブン-イレブンの全店平均日販は六五万五〇〇〇円（二〇一五年二月期）で、他の大手チェーンとは一二万円以上の開きがあります。どのチェーンも同質で業績も同レベルであったら、市場は飽和しているといえるでしょうが、日販の差はそうではない証です。マスコミを中心に流布される情報を鵜呑みにするのとしないのとでは、対応がまったく違ってきます。

統計データの数字にごまかされない

アンケート調査などのデータも同様です。質問内容で誘導している場合がけっこう多いからです。たとえば、消費税率引き上げ後に、「生活は厳しいですか」と質問すれば、おおかたの人は「ハイ」と答えるでしょう。

ましてや質問する際に、「円安の影響で商品の価格が上昇していますが……」とか、「消費税率の再引き上げが予定されていますが……」といった枕詞をつければ、とても、「イイエ」とは答えづらいでしょう。

しかし、ハイと答えた人も、明日の生活に困っているわけではなく、お金はもっている。アンケートに答えたことと実際の行動にはズレがあるし、アンケートを行う側の意図と答える側の思惑にも差があるのです。

また、統計データを見るときに注意すべきは調査対象のサンプリングです。たとえば、総務省統計局が世帯の家計簿をもとに行う家計調査報告は、昔は平均的にいろいろな世帯からサンプルがとれていました。それが最近は世帯構成の変化とともに、サンプルそのものが非常に偏っているのではないかという話がよく聞かれます。それでも、他に家計調査の類いがないから、いまでもそれをみんな使っているわけです。

わたしたちはいろいろな結果が数字になって表れると、つい信用してしまう「数字信奉」の傾向が強くあり、統計データの見方に気をつけないと、数字にごまかされてしまう。

重要なのは、マスコミ情報が自分の普段もっている感覚と異なっていたら、決して鵜呑みにせず、本当にそうなのか、マスコミ情報がおかしいのか、自分のほうが違うのか、一歩踏み込んで問い直し、自分なりに検証してみることです。世の中に蔓延する「本当のようなウソ」が見えてくるはずです。

7 成果が出せないのは「できない理由」で自分の限界をつくるからだ

話を仕事の取り組み方に戻そう。

チャンスは誰にも平等にあるが、チャンスを活かすには自分の頭で考え、仮説を立て、答えを出していかなければならない。

ただ、それがいつもうまくいくとはかぎらない。成果に結びつかないことも多い。その際、絶対避けなければならないのは、「うまくいかないのは○○のせいだ」と問題の矛先を外に向けようとすることだと、鈴木氏はいう。

自分にとって不都合な問題が生じたとき、人はとかく、「○○のせいだ」と原因を外に転嫁してしまいがちです。原因は自分のなかにあり、考え方や仕事のやり方を変えるべきなのに、それができない。人間には、自分にとって都合の悪い原因には目を向けず、自分が納得しやすい理由を見いだそうとする習性があるからです。

たとえば、セブン-イレブンを始めるころ、商店街の小型店が不振に陥った原因は「大型店が進出したせいだ」とスーパーマーケットの進出がやり玉にあげられました。

当時はもの不足の時代が終わり、小型店も商品を並べれば売れるという従来のやり方ではニーズの変化に対応できなくなっていた。しかし、多くの経営者にとっては、考え方や仕事のやり方を変えるより、「大型店の進出のせい」にするほうが、自分たちにとっては納得しやすかったのです。

常識破りの目標が「できない」という壁を壊した

また、わたしたちは、「やるべき価値がある」とはわかっていても、それが困難であると、つい、「できない理由」を考えてしまうところもあります。

実際、わたしは社員たちに仕事上でかなり厳しい条件を課すことがあります。

たとえば、イトーヨーカ堂には、「ザ・プライス」という生活応援型ディスカウントストアの業態があります。二〇〇八年に一号店がオープンする際、わたしは六月に新業態開拓を指示し、「八月末にオープン」という期限を設定しました。会社の幹部も「年内」を目途にしていたくらいですから、一般的な通念からすれば、確かに〝常識破りの期限〟でした。

立ち上げチームのメンバーたちは、初めはできない理由をあげ、「絶対無理」と否定的でした。それでも踏ん張り、最後は困難な条件を突破しました。「本当にできるとは思わなかった」と驚いたのは、スタッフたち自身でした。

「絶対無理」「できない」と考えたのは、固定観念をもとに自分たちで限界をつくり、その範囲内で「できない理由」を考え、自己正当化していただけだったのです。

売り手の都合で「できない」と考えてはいけない

さらに例があります。セブン-イレブンではファストフード類の新製品は、毎日昼に行われる役員試食をパスしないと発売できません。

あるとき、わたしは赤飯の試作を一口食べて、赤飯本来の味でないことに気づきました。赤飯は本来「蒸す」のが正しいつくり方であるのに、ご飯と同じ炊飯の設備で「炊いている」ことが原因でした。

「なぜ、蒸さないんだ」。そう聞くと、担当者は「工場にせいろで蒸す設備がないのでできない」と答えました。

米を蒸すには、全国各地にあるデイリーベンダー（弁当やおにぎり、サンドイッチなどのデイリー商品を共同で開発、製造、納入する取引先）のセブン-イレブン専用工場に蒸すためだけの設備投資をしなければなりません。だからといって、既存の炊飯の設備を使おうと考えるのは、あくまでも売り手側の都合で考える発想です。

赤飯は普通はお祝いなどのときに食べる特別なものです。お客様はコンビニで買う赤飯であっても、赤飯本来の味を期待するはずです。わたしは、製法の変更を指示しました。

本来のつくり方に立ち返った結果、専門店に引けをとらない商品が生まれ、赤飯おにぎりは大ヒットし、ずっと人気の商品です。

「一生懸命やる」と「正しいと思うことをやる」とは違う

いまある制約条件を固定し、その範囲内で考えるのではなく、その制約のもとでは、お客様にとってあるべき姿が実現できないと思ったら、制約を排除していく。それが自分で仮説を立て、答えを出していく仕事のやり方です。

赤飯に込めたお客様へのメッセージに共感が得られれば成果に結びつき、コストの問題も解決されるという発想こそが大切なのです。

「できない理由」を考える前にもう一度、自分に問い直してほしいのは、それが本当に「できない理由」になっているかということです。

多くの人は「自分は一生懸命仕事をしている」と思っているでしょう。

それでも成果になかなか結びつかず、めざす目標まで到達できないとき、その原因を「〇〇のせい」にして外に転嫁したり、いまある制約条件のもとで「これ以上は難しい」と限界意識をもったりする。

しかし、「一生懸命やる」と「正しいと思うことをやる」のとでは、まったく意味が違うことを忘れてはなりません。

自分の頭で考え、仮説を立て、答えを出す。そのとき、鈴木氏の頭のなかにあるのは、常に「お客様の立場で」考えるという「ブレない視点」と、どうすることが正しいのかという「シンプルな発想」だ。このふたつがしっかりしていれば、迷わず、判断し、実行できる。

以下の章で、具体的な仕事の取り組み方を見ていこう。

第2章

「ブレない視点」をもつ

――視点がブレないからこそ変化へ対応できる

1

「お客様を起点にする視点」を常にもつ

いまは変化の激しい時代で、昨年大ヒットしたものでも、いまはどこに行ったのだろうかと、忘れ去られているものも数多くある。セブン-イレブンでも、一店舗で扱う商品は約二八〇〇品目にも上るが、年間でその七割が入れ替わるほどだ。

それほど変化が激しくても、セブン-イレブンが高い日販を維持し、既存店売上高も同業の大手チェーンが前年割れしたときでさえ、唯一、前年比増を長く続けることができているのは、鈴木流の経営を常に実践し、変化への対応が徹底しているからにほかならない。

この変化対応力を支えるのが「ブレない視点」だ。視点がブレないからこそ、変化に対応できる。

この章では、鈴木流のブレない視点のもち方について極意を伝授する。

時代の流れにひときわ敏感なプロデューサーの秋元康さんと対談したとき、変化に対応する柔軟性の大切さが話題になりました。

その際、とても印象に残ったのは、生き馬の目を抜く芸能界でビートたけしさんやダウンタウンなど、何十年も第一線に立って人気を保ってきた人たちが売れ続けてきた理由について話されたことでした。

たけしさんなどは、いま話題になっていることをネタにして、それを自分ならではの視点を通して、何か面白いことをいったり、やったりしてくれる。そのお笑いの視点が面白いので飽きられないというのです。それを「普遍的な笑い」と表現されました。

一方、「飽きられる笑い」は、その年の流行語になるようなネタを生み出しても、自分ならではの視点がないので、ネタが飽きられると終わりになる。

つまり、芸能界で売れ続けるには、「変わらない視点」を基盤としてもち、そのうえで、世の中の流れに即した即効性のある「新しいネタ」を次々生み出し、ヒットが生まれるのが理想だということでした。

「お客様のために」ではなく「お客様の立場で」考える

セブン-イレブンにもそれがあてはまります。変わらない視点、あるいは、変えてはならない視点があるからこそ、どのような商品を店頭に投入すればいいのか、迷わず判断し、実行し、変化への対応が徹底できるのです。

もっとも代表的なのが、「売り手の立場で」ではなく、すべてを「お客様の立場で」考えるという視点です。

わたしはよく、「〝お客様のために〟ではなく、〝お客様の立場で〟考えなければならない」といういい方をします。

「お客様のために」といいつつ、実は売り手の都合の範囲内にとどまり、「売り手の立場で」考えていることが多いからです。一方、「お客様の立場で」考えたら、売り手の都合の悪いことであっても実行しなければなりません。

第1章で紹介した赤飯おにぎりの例はその典型です。開発チームもけっして手抜きをしていたわけではなく、数十店もの専門店や地方の評判の店の赤飯を集め、研究を重ねました。

ただ、工場に蒸す設備がないから、いまある炊飯の設備を使うのは、既存の仕組みの範囲内、つまり、「売り手の立場で」「お客様のために」、最善の方法を考える発想にとどまっていました。

一方、「お客様の立場で」考えたら、設備投資に多くの費用がかかっても、蒸す設備を導入するのがあるべき姿です。だから、迷わず、決断できました。これが変わらない視点、変えてはならない視点であり、結果、ヒットに結びつくことができたのです。

青山フラワーマーケットの「気づき」

「お客様のために」考えるのと「お客様の立場で」考えるのとでは、ときとしてまったく違う答えが出る。

鈴木氏は、気鋭の若手経営者ともたびたび対談を行うが、実力派の若手には特にその違いを実感している人たちが多いという。

たとえば、青山フラワーマーケットはエキナカや百貨店などに次々と出店し、フラワービジネスの世界に新風を起こして、急成長しているフラワーショップチェーン。その創業経営者の井上英明氏もそのひとりだ。

井上氏は大学卒業後、アメリカで短期間働いてから帰国し、好きだった花の販売を起業した。既存の業界へ外から参入し、大手と競争しながら急成長を実現できたのも、「お客様の立場で」考えるという視点をもつことができたからだった。

井上さんが「お客様のために」と「お客様の立場で」の違いに気づかれたのは、ある経験がきっかけだったそうです。自身がプライベートに花をもらったとき、箱のなかで花がしっかり保護されているのはよかったものの、その分、箱が開けづらくて苦労し、花もぎっしり詰まって取り出しにくいことがあったといいます。

自分たちも箱については花が傷まないよう、工夫してきた。ただ、自らお客様として受けとって気づいたのは、自分たちでは「お客様の立場で」考えたつもりでも、それは花を詰めて発送するところまでで、お客様が取り出すときのことまでは考えていなかった。

つまり、自分たちが行う発送という仕事の範囲内で、できるかぎり「お客様のために」なるようにはからうという、「売り手の立場で」考えた発想の域を出ていなかった。一方、本当に「お客様の立場で」考えると、お客様が花を取り出すところまで配慮しなければなりません。

そのことに気づき、自分たちの過去の仕事の仕方を変えるところまで踏み込んでいったということでした。青山フラワーマーケットも「お客様の立場で」考える視点をより徹底したことで、人気を博していったのです。

「消費者起点」で事業連鎖を考えたものが勝つ

いまは異業種から突然、競争相手が現れ、出自の異なる企業が商品・サービスを競い合う時代になっています。それを、一度対談させていただいたことがある早稲田大学ビジネススクール教授の内田和成さんは、「異業種間競争」と呼んでいます。

内田さんも、異業種間競争の時代を勝ち抜くには「消費者起点で新たな事業連鎖を考えること」が重要だといいます。「事業連鎖」とは、お客様が商品・サービスを購入するまでの川上から川下にいたる流れのなかでのさまざまなつながりのことです。

青山フラワーマーケットも、イベントで使うようなおしゃれな花を仕入れ、家庭用にリーズナブルな価格で提供するというビジネスモデルを新たに考え、お客様が届いた花を箱から取り出すところまで、すべてを消費者起点で考えることで急成長を実現しました。

売り手が起点ではなく、お客様を起点にしてものごとを見る。自分たちを起点にするのではなく、常に相手を起点にする。その視点を変わらずに徹底してもち続けることです。

2 「真の競争相手」は誰なのかを見きわめよ

第1章で、鈴木氏は自社の社員に他店見学を禁じた話を紹介した。「ものまね」をしない意識を徹底させるためだが、その根底にも、変わることのない「ブレない視点」を見てとることができる。それは「真の競争相手」は誰なのかという視点だ。鈴木氏が話す。

常にお客様を起点にし、「お客様の立場で」考えることで、変化への対応を徹底するには、もうひとつ、変わらない視点、変えてはならない視点が必要です。それは、「真の競争相手は同業他社ではなく、絶えず変化するお客様のニーズである」というとらえ方です。

第1章で、フランフランを展開するバルスの社長、髙島郁夫さんが起業してから十数年間、同業他社にはまったく目を向けず、同業の人間ともほとんど会おうとしなかった話を紹介しました。その間、自分たちの土俵づくりに専念し、探求し続けた独自の世界をお客様がどう判断してくれるか、それだけを見て、ビジネスに取り組まれたといいます。

それは、既存の家具業界が売り手の都合を優先するプロダクトアウトになっていたことへの反省から、同じ土俵で同業他社と競争するのではなく、お客様のニーズこそが真の競争相手であるという視点がブレなかったからにほかなりません。

「相対的な価値」ではなく「絶対的な価値」をめざす

真の競争相手がお客様のニーズであるとすれば、仕事をしていくうえで日々、何をめざしていけばいいのか。

わたしたちがお客様に提供する商品・サービスの価値には、相対的な価値と絶対的な価値があります。相対的な価値とは、競合している他社などと比べてよりよいとか、より優れているといった優劣を競う価値です。

これに対し、絶対的な価値は、お客様により満足してもらいたいという自分たちの思いや価値観を大切にし、「あるべき姿」を追求することによってもたらされる価値です。

たとえば、自社と他社とを比較して、自分たちの商品は九〇点、他社は八〇点程度だから自社のほうが勝っていると考えたとします。これは売り手が相対的な価値を競う世界です。しかし、本当に勝っているのでしょうか。それは売り手側の勝手な思いこみであって、お客様から見たときの評価は大差なく、どちらも七〇点程度かもしれません。

競争社会にいると、わたしたちはとかく他社と比較した相対的な価値に目を奪われがちです。しかし、売り手として本当にめざすべきは絶対的な価値の追求です。

どこの商品・サービスが優れているか劣っているか、A社のものがいいか、B社のほうがいいかといった相対的な価値の比較は本来、買い手であるお客様がすることであって、売り手側がすることではないのです。

真の競争相手は絶えず変化するお客様のニーズであるという視点をもつとき、わたしたちが追求すべきなのは、絶対的な価値です。

妥協せずに店頭から撤去した〝チャーハン事件〟

相対的な価値より、絶対的な価値をめざす。それを端的に物語るのがセブン-イレブンの〝チャーハン事件〟だ。

毎日恒例の役員試食に出された販売中のチャーハンに対し、鈴木氏がNGを出し、全店舗の店頭からいっせいに撤去されたのだ。その経緯を話す。

そのチャーハンはパラパラした食感とはほど遠い仕上がりでした。わたしがNGを出すと、担当者から「でも、そこそこ売れています」という答えが返ってきました。

「売れているからいいのではない。納得できない味の商品が売れれば売れるほど、セブン-イレブンのチャーハンはこの程度かと思われ、信用が失われる」

そういって、店頭に並んでいたすべてのチャーハンを即座に撤去させると、商品のつくり直しを命じました。

原因は調理器具にありました。高温にならず、密封型のドラム缶のような鍋を回転させて炒めていたため、米粒が崩れ、パラパラ感が失われていたのです。

調理器具の研究から始め、再び店頭に登場するまで、実に一年八ヵ月を要しましたが、新商品の「本格チャーハン」は大ヒットします。

担当者は当初、「そこそこ売れている」といって自己正当化しました。しかし、それは同業他社の商品と比べて「合格点」をとっているという相対的な価値の世界での自己正当化です。お客様から見て、チャーハンのあるべき姿という絶対的な価値で見れば、明らかに不合格でした。

開発のし直しとなれば、コストが発生し、店頭撤去も並大抵の作業ではありません。しかし、真の競争相手は同業他社ではなく、お客様のニーズであるという視点でとらえたから、迷わず、店頭から撤去させ、一から開発のし直しを決断することができたのです。

最近も、新商品の数の多さから、試食が発売直前になってしまったセブンゴールドの「金の麺　塩味」について、完成度が満足できるレベルに達していなかったため、発売当日でも六〇〇〇万円の損失が出るのを承知で、すべて廃棄し、開発をやり直させました。これも同じ理由からです。ここまで徹底して初めて、お客様の信頼を得ることができるのです。

競合相手の出現はむしろ「チャンス」と考えよ

真の競争相手は絶えず変化する顧客ニーズであるとすると、競合相手の同業者はどのような存在になるのか。鈴木氏によると、その位置づけが大きく変わるという。


ある地域にAというラーメン屋さんがあり、近くにBという競合店が出店したとします。二軒に増えれば、地域の人々のラーメン店に対する認知度や関心が高まり、「今度、行ってみよう」と考える人も増え、潜在的な需要が掘り起こされます。

このとき、日ごろ、どのような経営をしていたかによって、競合店の出現の意味合いは大きく変わってきます。A店がお客様の期待にしっかり応えていこうと、ニーズに目を配り、商品やサービスに反映して、きちっと自己差別化ができていれば、初めて利用したお客様にも「A店のほうがいい」と感じてもらって、さらに伸びていくことができるはずです。

常に絶対を追求して、明確に自己差別化されていれば、「競合相手の出現は逆にマーケットを広げるチャンスになる」という意識をもつことができるようになり、どんなに競合が出現しても、成長を続けることができるのです。

同じことは、「売り手対顧客」という構図だけでなく、あらゆる仕事にあてはまる。仕事には必ず、価値を生み出し、提供する相手がいるからだ。自分を起点にするのではなく、仕事上の相手を起点にする。同じ部内のメンバー同士の成績の競い合いに目を奪われるより、真の競争相手は価値を提供する相手のニーズにあると考え、「あるべき姿」をめざすと結果的に群を抜く成績をあげることも可能になる。

ブレない視点をもてば、どんな状況に置かれても、自分はいま何をすべきか、迷わず判断し、実行して成果に結びつけることができる。それが鈴木流の働く力の基本だ。

3

「一歩先の未来」に目を向ければ迷わないで決断できる

ここで、「売り手対顧客」、あるいは、「自分対仕事上の相手」という構図から少し離れ、時間軸に沿った視点について、考えてみよう。

仮説とは「明日のお客様」に向けたメッセージであると、鈴木氏はいう。つまり、仮説とは、未来に何らかの可能性が見えたときに浮かび上がるものといえる。

鈴木流の仕事術を過去・現在・未来という時間軸でとらえたとき、特徴的なのは、過去や現在の延長上ではなく、常に「一歩先の未来」に目を向け、そこに可能性を見いだすという視点が徹底されていることだ。これもブレない視点のひとつだ。何より、セブン-イレブンの創業がそうだった。

四面楚歌でもなぜ、セブン-イレブン創業を決断できたのか

セブン-イレブンとの出会いは、偶然の出来事でした。一九七〇年代の初め、日本では商店街のかなりの部分が衰退している状況にありました。そんなとき、流通先進国アメリカの最新事業を学ぶため、社員と海外研修に出かけ、カリフォルニアを移動の途中、たまたま休憩で立ち寄ったのがセブン-イレブンでした。

スーパーを小型にしたような店で雑貨や食品がいろいろ並んでいて、そのときは、「アメリカにもこんな店があるんだ」といった程度の印象でしたが、帰国後、調べると、大型店が日本よりもはるかに発達していたアメリカで、四〇〇〇店のチェーンを展開する超優良企業だったのです。

「相当のノウハウがあるに違いない」と想像し、「これを日本でも活かすことができれば、大型店と小型店の共存共栄のモデルを示せるはずだ」と、一歩先の未来の可能性が見えたことから、すべてが始まるのです。

この案に「無理だ」「やめろ」と否定論や反対論がわき上がったのは前に述べたとおりです。もし四面楚歌の状況に目を奪われていたら、一歩も踏み出せなかったでしょう。

ただ、反対論は「大は小に勝つ」という過去の経験に基づいた規模の大小論ばかりで、「小

型店も商品の価値と生産性を高めれば、大型店と共存共栄が可能になる」というわたしの考えに対しては、明確な反論は聞かれませんでした。

未来の可能性は過去の論理では否定できない。だから、わたしはまわりから反対されても、迷わずに創業を決断し、実行できたのです。

ただ、「相当のノウハウ」があるとの予測は外れ、結局、すべてを自分たちでゼロからつくることになるのですが、それについては後述します。

セブン銀行設立も「一歩先の未来」を見て決断

セブン銀行の設立も同様です。日本のコンビニにはほとんどの店舗にATMが設置されていますが、セブン-イレブンと他の大手チェーンとでは決定的な違いがあります。

セブン-イレブンのATMは、グループの自前の銀行であるセブン銀行が運営するのに対し、他のチェーンは銀行との共同運営会社が設置しているのです。

実はわたしたちも当初、コンビニ店舗にATMを設置する方法として、共同運営会社の方式を検討した時期もありました。それは、独自に銀行免許を取得し、自前の銀行を設立するより、はるかに容易な方法でした。

しかし、共同運営会社方式では店内のATMは各銀行の出張所扱いになり、設置箇所の選定や利用手数料の設定などで自分たちでは主体性をとることができません。一方、自前の銀行であれば、設置する店舗も、利用手数料も自分たちで判断できます。

店舗へのATMの設置は、お客様にとっての利便性を高めるのが目的です。どちらの方式が未来の可能性を描けるかは明らかです。流通業が自前の銀行を設立するのは多大な困難が予想され、金融業界を中心に猛反対されましたが、一歩先の未来に目を向け、いまやるべきことを考えれば、迷う余地はありませんでした。

セブン銀行はいまでは、セブン-イレブンをはじめとするグループ企業の店舗のほか、各種の商業施設、オフィスビル、空港や駅、ホテル、高速道路のサービスエリアやパーキングエリアなどにも設置され、社会インフラのひとつとして機能しています。

もし、共同運営会社方式の容易さのほうに目を奪われてしまっていたら、これほどセブン銀行のATMが普及することもなければ、グループの収益を支える大きな柱となることもなかったでしょう。

セブンプレミアムにしても、より上質な新しいものを提供すれば、お客様から必ず支持を得られるはずだと、PB商品の一歩先の未来の可能性を描き、そこから振り返って、いまのPBのあり方を問い直し、踏み出していきました。

同じように、金の食パンも、「もっとおいしい食パンをつくろう」と、一歩先の未来の「あるべき姿」から振り返って、いままでの食パンのつくり方を問い直し、プラスオンをして生まれ、大ヒットしたのは、前に述べたとおりです。

目を向けるなら未来に向ける。人々が本当はそうあってほしいと思うだろうこと、思いながらも難しいなと戸惑い、懐疑的になっていることは何かを探り、積極的に挑戦すべきです。間違っても、過去や現在の延長上でやるべきことを類推してはいけません。

一歩先の未来に目を向け、何らかの可能性が見えたら、そこからかえりみていまやるべきことを考え、実行するという仕事の仕方を、鈴木氏は「ブレイクスルー思考」と呼び、社員にもその実行を常に求める。

未来は予測できないが、ブレイクスルーによって未来を創造していく。そこに、鈴木流経営の真髄がある。

4 「いまやっていることを全部否定しろ」と厳しく叱責するわけ

一歩先の未来に目を向け、可能性を見る視点と対照的なのが、過去の経験にとらわれ、思いこみが根づいてしまうことだ。
鈴木氏が新しいことに挑戦しようとしたとき、出会ったのも過去の経験に基づく反対論や否定論だった。人はなぜ、過去の経験にとらわれると、別の光景が見えてしまうのだろうか。

前出の早稲田大学ビジネススクール教授、内田和成さんと対談をしたときも、その問題が話題になりました。内田さんによれば、過去の成功体験が人や組織に染み込んでしまい、何らかの変化に直面したとき、その成功体験に足を縛られたまま対応して、次の成功が阻まれてしまうことを「成功の復讐」と呼ぶそうです。

そして、人の思いこみがいかに根強いものか、『パラダイムの魔力』（ジョエル・バーカー著、仁平和夫訳、日経BP社）という本からダイバーの事例を紹介されました。

ダイバーが潜水中、水深五〇メートルほどの深さの海底にビールのバドワイザーの缶が落ちているのを見つけた。バドワイザーの缶といえば、赤地と白地のコントラストが印象的です。その赤色が目立ったので、すぐ目に入ったという話です。

実は五〇メートルくらいの水深だと、光の屈折の関係で赤い色は濃いグレーに見える。ところが、ダイバーの頭のなかで「バドワイザーの缶」と「赤地と白地」が結びつき、刷り込みが起きているため、見えないはずの赤が見えてしまった。より正確にいえば、本当は濃いグレーに見えたものがグレーに見えず、赤に見えてしまった。

それほど人の思いこみは強い。そのため、過去の思いこみでまわりを見ていると、本当の現実が見えず、自分が見たいように現実を変えてしまう可能性があるという話でした。

過去の経験というフィルターで変化が見えなくなる

「海底のバドワイザーの缶」をお客様のニーズや環境の変化に置き換えると、過去の経験に縛られる人の目に、変化がどのように見えるかがよくわかります。

過去の経験に縛られて変化に対応できない人は、変化を見ようとしないわけでも、見ることができないわけでもありません。見ようとしても変化が見えないのです。過去の経験がつくり出したフィルターがいつも目にかかっていて、フィルターを通すと変化が消えてしまう。一生懸命やってもズレるのは当然です。

たとえば、日本人を相手に日本語で弁舌さわやかに話をしたら、みんな耳を傾けてくれたとします。しかし、どんなにいい話でも、相手が中国人に替わったら、別の伝え方を考えなくてはなりません。いまのマーケットはそのくらい劇的に変化しています。

ところが、フィルターがかかっている人は、相手が中国人に替わったことがわからず、これまでと同じに見えて、日本語で話してしまう。それで反応がないと、今日の観客は話の面白さがわからない客だと、「客のせい」にしてしまったりするわけです。これでは二度と観客は集まらないでしょう。内田さんのいう「成功の復讐」です。

別のたとえをすれば、秋から冬にかけて、ある朝、気温が一気に五度も、六度も下がることがあります。これほど急激な変化に対しては、一枚服を多く着るぐらいの対応をしないと風邪を引いてしまうのに、感覚にフィルターがかかっていると、そこまで神経が行き届かず、ランニングの下着を半袖のTシャツに替えたくらいで自分も変わったつもりになっている。しかし、いまの時代、少しずつ変わるのは変わっていないのと同じです。

海底のバドワイザーの缶が何色か、自分に問い直す

『パラダイムの魔力』という本のタイトルは、同じパラダイム（枠組み）でも有効なときは仕事に大変役に立つが、いったん環境に合わなくなると、変革の邪魔をするようになることを示唆している。

人はなぜ、過去の経験で身につけたパラダイムに縛られるのか。

人は過去の経験について原因と結果を結びつけ、「よいパラダイム」の因果関係のセットで記憶しようとします。成功が大きければ大きいほど、そのセットは強固になります。それは成功体験がその人にとって、非常に心地よいハッピーなものだからです。

そして、次の課題に直面したとき、状況が変化しているのが見えないままだと、この因果関係から脱却できず、前に原因となったことを今度も実行しようとする。難局になればなるほど思い出して、また同じことをしてしまうのです。

もちろん、成功体験から得るものもあるでしょう。困難を乗り越えた自信は成長に結びつきます。

しかし、同時に人間は過去の経験により、思考や感覚にフィルターがかかりやすい。重要なのは、人間とは、もともと、そうした習性をもっているのだと認識することです。過去の経験に縛られると、進路変更をすべきところでも慣性が働いて、簡単には舵が切れない。ところが、操縦している本人は感覚にフィルターがかかっていて、自分では進路変更した気になっている。やがて、進むべきコースから置き去りにされていきます。

常に一歩先の未来に目を向けるという視点をもち続けるには、過去の経験がもたらすフィルターを日々払拭しなければならない。

わたしが業績好調のセブン-イレブンでさえ、ことあるたびに、「気を抜くとマンネリ化する」「いまやっていることを全部否定しろ」と社員を常に厳しく叱責するのは、フィルターで社員の目が曇るのを防ぐためです。

自分は「海底のバドワイザーの缶」が赤色に見えていないか、問い直してみることです。

5　「時間による変化」を知らずにお客様の心理はつかめない

時間はとどまることなく流れ、変化していくという時間軸に沿った視点は、未来の可能性に目を向けるときだけでなく、「売り手対顧客」、あるいは、「自分対仕事上の相手」という構図のなかでも重要な意味をもつ。象徴的な例を紹介しよう。金の食パンの話だ。

金の食パンは二〇一三年四月に発売され、年間で実に三五〇〇万食という驚異的な実績をあげて、大人気商品になり、「日経ＭＪ」のヒット商品番付にもランキングされた。材料や製法にこだわって実現したおいしさが支持された結果だが、実はこのヒットの裏には、もうひとつの仕掛けがあった。

「金の食パン」発売当日にリニューアルを指示

金の食パンが新製品として発売されたその日、普通ならトップとして、「販売促進に力を入れるよう」と檄を飛ばすところでしょう。ところが、わたしは開発担当者にこう指示しました。「すぐにリニューアルに着手するように」。

金の食パンは発売してわずか二週間で販売個数が六五万個を突破したように、本当においしい商品です。

ただ、「おいしい」にはもうひとつ、裏返しの意味があります。それは「飽きる」ということです。おいしければおいしいほど、お客様は続けて食べれば、それと同じくらい飽きます。

わたしは社員を前にして、よくこんなことを話します。

君たちは、うらやましいとか思うかもしれないが、週に三〜四日、続けて料亭に行かなければならないとき、いいのは初めだけで、あとはお茶漬けかラーメンがよくなる。どんなにうまいものでも、続けて食べたら飽きていやになる。わたしたちの商品も同じだと。

お客様のニーズに応えるには、本当においしくなければなりません。それは同時に、「お客様がおいしいと思って食べれば食べるほど飽きてしまう」という状況をつくっていることになります。飽きられないものをつくるのが商売のように思われがちですが、それは本当のようなウソで、わたしたちの商売は、お客様が毎日でも食べたくなり、その結果として飽きてしまうようなおいしい商品を毎日毎日、これでもか、これでもかと供給し続けるという不条理なことを行わなければならないのです。

金の食パンのおいしさの特徴は、きわだっておいしいことにありました。きわだっておいしい分、飽きられる度合いも高い。そこで、わたしは飽きられる前によりレベルアップした商品を投入できるよう、準備を始めさせたのです。

リニューアル版は、蜂蜜を増量して砂糖を減らすなど、原材料を見直してさらなるコクと香ばしさを引き出し、食感をより高めて、六ヵ月後の一〇月一日に発売しました。その後も手は休めず、リニューアルは一年間で三回行いました。そこまで徹底しなければ、お客様の支持は得られません。

重要なのは、ものごとを見るときに、「時間による変化」という視点を忘れないことです。金の食パンの発売も、通常なら売れ行きのほうに目がいくところでしょう。同時に、わたしは「おいしいものは続けて食べれば飽きる」という時間による変化を見る視点から、迷わずリニューアルの必要性を判断し、指示することができたのです。

お客様の一〇〇点満点のレベルは常に高まる

なぜ、おいしいものは、続けて食べると飽き、付加価値の高いものほど時間の経過とともに、顧客にとっての価値が低減していくのか。必要なのは顧客満足度の変化をとらえる「動体視力」があるかないかだ。そのポイントをこう話す。

なぜ、おいしいものほど飽きるのか。それは、お客様の期待度が時間とともにどんどん高まっていくからです。

お客様は常に一〇〇点満点のレベルを求めます。売り手がそれを上回る一二〇点を出せば、十分満足してもらえるでしょう。しかし、お客様の期待度は一定ではなくどんどん増幅します。お客様の求める一〇〇点満点のレベルが、次は売り手側にとっては一二〇点のレベルにあがる。そのため、売り手が前回と同じ一二〇点を出したのではただの合格点で、一四〇点でなければ、お客様は満足しません。

お客様にとって、以前は「満足」のレベルが次は「当たり前」になり、やがて、ただの「マンネリ」としか映らなくなり、「飽きる」に変わる。続けて売ろうとする売り手と、続けて食べて飽きるお客様とのあいだでズレが生じるのです。売り手が同じレベルを続けていったのではお客様は離れていくだけです。

つまり、同じ点数でも、分母となるお客様の期待度によって意味がまったく違ってくる。これも「お客様の立場で」考えなければ、なかなか気づきません。

お客様のロイヤルティ（継続して利用しようとする度合い）を得るのはけっして容易ではなく、品揃え、品質、商品の鮮度、接客・サービス、店舗の清潔さ……総力が求められ、ひとつ欠けても成り立ちません。しかし、それ以上に難しいのは、一度得たお客様のロイヤルティを維持していくことです。一度でも失望されれば、すべてが崩れていきます。

お客様のロイヤルティは得るは難しく、失うは易し。売り手は常に高まるお客様の期待度を上回る新しいものを提供し続けて、初めてお客様のロイヤルティを維持できるのです。

忘れてならないのは、達成したレベルがいかに高いものであっても、それに安住することなく、時間による変化という視点をもち、「あるべき姿」を求めて、たえず何かをプラスオン（付加）し続けるということです。それが絶対の追求になるのです。


これは「売り手対顧客」の関係だけにかぎらない。「自分対仕事上の相手」との関係においても、相手の期待度を上回る新しいものを提供し続けることができれば、高い信頼度を得ることができる。避けなければならないのは、気を抜いてマンネリ化することだ。

6 ミクロとマクロ、両方の目をもつことで初めて一歩先が読める

顧客を起点にして、一歩先の未来に目を向ける。顧客の期待度は一定ではなく、時間とともに増幅する。こうした視点をもちながら、自分の頭で考え、仮説を立て、答えを導き出すときに、もうひとつ重要な視点として鈴木氏があげるのが、「ミクロとマクロ」の両方の目をもつことだ。木と森、ズームインとズームアウトの両方に目を配る視点だ。

たとえば、コンビニでの商品の発注も、発注者は担当する商品だけを見ていればいいのだと錯覚しがちです。

しかし、商品というミクロだけでなく、お客様の傾向や地域の特性、マーケットのトレンドをつかみながら、売り場全体、店全体ではどのような品揃えに挑戦して対応していくかといっ

たマクロからとらえていかなければ、発注の精度を高めることはできません。

日々の仕事で実際に手を打つのはミクロですが、世の中を見渡すマクロの視点をもたないため、全体として打つ手が的を射てないケースがよく見られます。

「上質さ」と「手軽さ」をマクロの座標軸にする

マクロの視点で、常に押さえておかなければならないのは、世の中やマーケットのトレンドです。そのとき、目安になるのは、「上質さ」を志向する方向性と、価格の安さなど「手軽さ」を志向する方向性のふたつの座標軸です。

上質さと手軽さは、一般的にはトレードオフの関係にあります。トレードオフというと「二者択一」と訳され、白か黒か、どちらか一方をとり、もう一方は切り捨てるというとらえ方が多いようですが、これは正しい理解ではありません。

上質さか、手軽さかのトレードオフの場合、上質さなら上質一辺倒ではなく、そのなかにどれだけ手軽さをちりばめるか、逆に手軽さなら手軽一辺倒ではなく、どれだけ上質さをちりばめるか、そこに価値が生まれます。

このふたつの軸で見ると、ミクロの動きからマクロのトレンドを読むこともできるようになります。ひとつの例をあげましょう。アイスクリームのマーケットの話です。

アイスクリームは、一九九〇年代から業界全体の売り上げが年々落ち込んでいました。小売店では三～五割引きが常態化し、それが品質にも影響を及ぼし、消費者が離れる悪循環にありました。上質さより、価格の手軽さのほうに大きく振れていたのです。

ただ、店頭でのミクロの個別の商品の動きを見ると、価格の高いブランドものは伸びていました。この動きをどうとらえるかです。「ブランド商品は別の世界」と考えて片づけてしまう見方が一般的でした。それは、「アイスはおもに子どもが買うもの」という過去の経験から離れられなかったからです。

これに対し、わたしたちは「アイスはいまでは大人が年間を通して買うもの」「一〇〇円前後の商品では大人は満足しない」と考え、「アイスについても多少高価格であっても高品質のものをお客様は求めている」と位置づけました。そして、ミクロの動きをマクロのトレンドに結びつけ、セブン‐イレブンでは上質さを追求する路線へと舵を切りました。

その結果、猛暑でアイスクリーム・氷菓が全国的に飛ぶように売れた二〇〇四年夏、セブン‐イレブンの売れ筋のトップ一〇位のうち、一位から七位までと九位の計八品を、高級路線のオリジナル商品が占めるようになりました。

この動きに追随するように、アイスクリーム業界でも二〇〇八年ごろから、主力商品について価格をあげても品質を高める路線に転じた結果、消費者が戻り始め、売り上げは前年増を続け、衰退産業から一転、成長産業に変身するのです。

金の食パンをヒットさせたミクロとマクロの読み方

大ヒット商品となった金の食パンは、「もっとおいしい食パンがつくれるはずだ」「お客様ももっとおいしい食パンを求めているのではないか」という仮説が出発点です。この仮説もマクロとミクロ、両方の視点から生まれたものでした。

金の食パンが発売されたのは二〇一三年四月で、当時、食パンでは低価格競争が続いていました。食パンは従来からスーパーなどでは特売が多く、低価格帯の食パンでは一斤一〇〇円を切る価格も珍しくありませんでした。

一方、専門店や高級レストランでは、よりおいしいパンが一斤三〇〇～四〇〇円でも人気を博していました。それは製パンメーカーも、流通業も、誰もが知りうる事実でした。このミクロの商品の動きを「専門店は別の世界」ととらえれば、その先には進めません。

わたしは「食パンについても多少高価格であっても高品質のものをお客様は求めている」とマクロのトレンドを読んだ。そして、上質さと手軽さの座標軸で見たとき、コンビニの品揃えでは、そこが空白地帯だったので商品を投入し、ヒットに結びつけたのです。

「木を見て森を見ず」ではなく、「木を見て森も見、森を見て木も見る」。ミクロの向こうにマクロを見、マクロからミクロに落とし込んでいく。

ミクロの向こうにマクロのトレンドを見るには、「この現象は何を意味するのか」とクエスチョンを発し、「これはこういうことではないか」と仮説を立てることです。

一度、仮説を立てると、それを検証する情報が次々とフックにかかり、次第に確信になり、一歩先の未来の可能性を迷わず判断できるようになります。

わたしが「もっとおいしい食パンがつくれるはずだ」と考えたのは、直観的なものもあります。ミクロのかなりの部分は直観が左右しますが、それはマクロで構想できる力があって初めて活きる。ミクロとマクロの両方を見る視点、ミクロの直観力とマクロの構想力を日々の仕事のなかで鍛えていくべきでしょう。

7 迷ったときは「もうひとりの自分」から自分をかえりみる

ブレない視点があれば、迷わず判断し、決断し、実行できる。しかし、人間はいつも完璧ではなく、視点がブレて判断に迷うこともある。むしろ、迷うことのほうが多いかもしれない。そんなときに必要なのは、「もうひとりの自分」から自分を見る視点だと、鈴木氏はいう。

自分を客観視すると思考を鈍らせていたフィルターが外れる

わたしが社員たちにことあるたびにいい続けているのは、「常に自分自身を客観的に見る」ということです。自分を客観的に見るとは、いわば、「もうひとりの自分」を置いて、自分を見つめ直すという視点です。

いまの自分は売り手の都合で考えていないか、「過去の経験にとらわれていないか」「前回と同じやり方をくり返してはいないか」、しっかり「お客様の立場で」考えることができているか、「もうひとりの自分」から自分をとらえ直すのです。

「もうひとりの自分」から客観的に見ると、視点が切り替わり、自分も仕事を一歩離れれば、買い手の側にまわって、お客様の立場に変わり、お客様としての心理をもっていることに気づきます。すると、思考や感覚を鈍らせていたフィルターが外れ、自分自身、買い手としてニーズがどんどん変わり、期待度がどんどん増幅していることがわかります。

わたしはグループの入社式で、新入社員に向かってこんな話をしたことがあります。

君たちは、これまではお客としてセブン‐イレブンやイトーヨーカ堂を利用してきただろう。そのとき、いろいろと不満に思ったことがあるはずだ。ところが、入社後、何年かしてレポートを書かせると、「自分はお客だったころ、なんてわがままなことをいっていたんだろう」と反省する。それが困るんだ、反省してはいけないんだ、と。

なぜ、こんなことを話すかというと、とかく人間は売り手の側にまわると、売り手の都合で考えるようになってしまうからです。そのとき、自分を客観視すれば、売り手の都合や売り手としての過去の経験を否定し、買い手の側の視点でものごとをとらえることができるようになります。

「もうひとりの自分」から自分を見るのは、口でいうほど簡単ではありません。しかし、常にそのような視点で自分をとらえるクセをつけないと、人間はなかなか、一歩踏み込んで挑戦できません。

大リーガーのイチロー選手も常に「もうひとりの自分」から自分を見て、「こうあるべきだ」という理想のフォームと現状とのズレを認識し、今度はこう改善していこうと意識していくといいます。これこそが真のプロフェッショナルの姿です。

鈴木氏が述べるイチロー選手の並外れた点はというと、ボールに対して自分がどのように反応し、どう打っているか、自分に対してきちんと説明できるようにしているところだという。

たとえば、イチロー選手はスランプに陥る理由を次のように語っている。ボールは目で見て打つのではなく、体で感じて打つものであるのに、不調になると余計なボールにも体が動いてしまう。そこで、余計なボールは打ちたくないので、今度はボールを見ようとする。その分、体が遅れ、いっそう打てなくなってしまう。

こうして「もうひとりの自分」から客観的に見て、不調の原因を分析し、理想の動きを取り戻していく。だから、四二歳（一九七三年生まれ）と、大リーグの野手で最年長になったいまも現役で活躍し、ファンの期待に応えられるのだろう。

アートディレクター佐藤可士和《さとうかしわ》さんはなぜ、時代が読めるのか

イチロー選手と分野こそ違え、やはり、真のプロフェッショナルで同じ視点をもっているのが、日本でもっとも活躍するアートディレクターのひとりで、セブン-イレブンのデザインのトータルプロデュースを担当している佐藤可士和氏だ。

消費飽和といわれて久しいなか、佐藤可士和さんは、広告、商品、店舗からブランドイメージまで幅広い領域でアートワークやディレクションワークを手がけ、数々のヒット商品、ヒットブランドを生み出してこられました。

佐藤さんにトータルプロデュースをお願いしたのは、やはり、グループの広報誌で対談し、考え方が一致したのがきっかけでした。

佐藤さんは高校時代にクリエーターになろうと決めたときから、「時代の先を読もう、読めなくてはだめだ」と思ってきたといいます。そこで、「どのように時代の変化をとらえているのか」とうかがったところ、こんな答えが返ってきたのです。

佐藤さんいわく、「基本的にアイデアやインスピレーションは日々の生活のなかにあり、生活者としての自分と、それを外から見ているクリエーターの自分がいる」ということでした。つまり、「生活者としての自分」を「クリエーターの自分」という「もうひとりの自分」から見つめ直すという視点です。

時代の先を読む視点はもっていても、生活者として生活のなかにどっぷりつかっていると、日々のさまざまな経験がもたらす慣性や惰性によって、思考や感覚にフィルターがかかってしまう。そこで、クリエーターとしての「もうひとりの自分」から客観的に見ることで、時代の変化への気づきを得ていくということであれば、その視点はわたしたちにとってもとても示唆的です。

8

反対されることはたいてい成功する

一歩先の未来に目を向け、自分ではそこに可能性を見いだしても、まわりが別の光景を見ているときに、たいてい、反対にあう。鈴木氏はその連続だった。

セブン-イレブンの創業を発案したとき、鈴木氏は「大型店と小型店の共存共栄」の可能性を見いだしたが、まわりは商店街が凋落する光景に目を奪われていた。

セブン銀行の設立を決断したときも、まわりは既存の銀行の姿を見ていた。品質を追求するセブンプレミアムの開発を指示したときも、社内の人間の視野に入っていたのは低価格路線のPBだった。

ブレない視点をもちつつ、自分の考えに反対する声とどう向き合えばいいのか。鈴木氏自身がこれまで直面したケースから導き出したひとつの経験則がある。

みんなが賛成することはたいがい失敗し、みんなが反対することはたいてい成功する。みんなが賛成するのは、すでに前例があり、誰もが参入しやすいからです。つまり、差別化しにくく、過当競争に陥るのは目に見えています。

たとえば、セブンプレミアムの開発についても、もし、「低価格路線でいこう」といえば、反対論は聞かれなかったでしょう。

しかし、流通業界で低価格を訴求したPBはいま、苦戦しています。もし、みんなが賛成する方向に進んだら、単品の年間売上高が一〇億円を超えるアイテムが一〇〇品目を優に超えるほどの、他に類を見ないセブンプレミアムのヒットは生まれなかったでしょう。

逆に、みんなから「うまくいくわけがない」と反対されることはなぜか成功する。まわりからの反対が大きいほど、実現できたときには他にない新しい付加価値を生み出すことができるため、逆に成功も大きくなるということでしょう。

セブン銀行も二〇〇〇年代に入って新設されたネット銀行など四銀行のなかで、唯一、金融庁が課した「三年以内の黒字化」を達成することができました。

以前、出版社の集英社で『週刊少年ジャンプ』の編集長時代、大ヒット作品となる『ONE PIECE』を生み出した専務取締役の鳥嶋和彦さんとお話をする機会がありました。『ONE PIECE』の連載を決める会議では二時間もめたといいます。

決め手になったのは「意見が分かれたものは当たる確率が高い」という編集部の経験則だったそうです。いわく、「みんなが賛成するものは、すでにどこかで見たことのあるものだから判断しやすい」「みんなの賛同を得にくいものは何か新しいものを含んでいる。そういうものこそ、やってみる価値がある」と。

セブンプレミアムも、『ONE PIECE』も、この点で共通するのです。

未来の可能性は過去の論理では否定できない

セブンプレミアムの開発については、品質の追求以上に、グループ各社から反発の声があがった条件がありました。それは、「グループ内のコンビニでも、スーパーでも、百貨店でも、同じ値段で販売する」というものでした。

この条件に対し、コンビニ側はメーカーの希望小売価格より原則的に値を下げて売るスーパーと同じ商品を同じ価格で置くわけにはいかないといい、スーパー側はコンビニや百貨店と同じ値段で売るわけにはいかないといい、百貨店側はスーパーやコンビニが扱う商品を百貨店が扱うわけにはいかないと、それぞれ反論しました。

コンビニと、スーパーと、百貨店は違うから、同じ商品が同じ価格では売れないという区分けは、売り手側が観念的にそう決めつけているだけです。

一方、「お客様の立場で」考えるとどうなるでしょうか。お客様はセブンプレミアムの商品について、「これは二〇〇円を出しても買うだけの価値がある」と思えば、セブン-イレブンでも、イトーヨーカ堂でも、そごう・西武でも買い、どちらも同じ値段だから買わないとは思わないはずです。

自分たちの固定観念を否定し、セブン-イレブンだろうと、イトーヨーカ堂だろうと、そごう・西武だろうと、同じ価格で販売しても価値を感じて買ってもらえるような、これまでにない商品を開発していくことではないか、そう説いて反対論を押さえたのです。

重要なのは、未来の可能性を見いだし、やるべき価値があると思って導き出した仮説は、どんなに既存の論理を重ねても否定できないということです。

可能性が「七割方」見えたら実行しよう

もちろん、一〇〇パーセント成功が保証されたビジネスなどありえません。世の中、段差二〇センチの階段を一段下りるときでも、踏み外して足を痛めることがあります。

では、挑戦とは何なのでしょうか。一〇メートルの高さからコンクリートの地面に飛び降りるのは、無謀であり、けっして挑戦とはいえません。

一方、これまで経験したことがない一～二メートルの高さからであっても、周囲の状況から着地できる可能性を判断し、必要な準備も行って飛び降りるなら、それは挑戦といえます。違いは、単なる思いつきか、自分が立てた仮説の可能性についてある程度シミュレーションできるかどうかです。

やるべき価値があると思って、仮説を立て、挑戦しようと決意したら、自分なりに実現可能性をシミュレーションしてみることです。ひとつの目安として、一〇〇パーセントの可能性はありえないとしても、自分のなかで可能性が七割方出てきたら挑戦すべきです。

常識を破らなければ、感動を伝えられる仕事はできません。視点が明確であれば、進むべき道が見え、反対の声は後方へ消えていくでしょう。

第3章

「シンプル思考」に徹する

——どこまでものごとを単純明快に考えられるか

1

「素人の発想」こそがわたしのこれまでの挑戦を支えてきた

真のプロフェッショナルは果たしてどのような視点をもち、どのように発想するのか。

前章で、アートディレクターの佐藤可士和氏は、「時代の変化をどのように読み取っているのか」という鈴木氏の質問に対し、「基本的にアイデアやインスピレーションは日々の生活のなかにあり、生活者としての自分と、それを外から見ているクリエーターの自分がいる」と語った話を紹介した。

この言葉にはふたつのメッセージが込められている。ひとつは「生活者としての自分」を「クリエーターの自分」という「もうひとりの自分」から見つめ直すという視点だ。

そして、もうひとつは、アイデアやインスピレーションを生み出すとき、高度で専門的な知識を駆使するというより、「生活者としての自分」を大事にし、「日々の生活のなか」から生み出していくというシンプルな発想法だ。ブレない視点とともに、鈴木氏の仕事の仕方を特徴づけるのも、ものごとを単純明快に考える発想法だ。

そのとき大切なのは、「素人の発想」だと、鈴木氏はいう。

わたしはよく、「なぜ鈴木さんは、困難に見えることも容易に決断できるのですか」と聞かれます。それは、ものごとをそんなに難しく考えないからです。目の前の課題をひとつひとつ片づけるときも、別にそんなに頭をひねって考えたり、悩み抜いているわけではありません。そこには面倒くさがり屋の性分も働いているかもしれません。

たとえば、セブン銀行の設立についても、メイン銀行のトップが直々に来訪され、「銀行はそう簡単につくれるものではありません」とアドバイスされました。

一方、わたしは「セブン‐イレブンの店舗にATMを設置できれば利便性は飛躍的に高まる。それを実現できる銀行をつくろう」と、単純明快に考えました。

それは金融業の専門家から見れば、「素人の発想」に聞こえたでしょう。わたしのこれまでの仕事を支えてきたのは、その素人の発想なのです。一台八〇〇万円もするATMの機能を絞り、二〇〇万円でつくることができたのも、素人の発想があったからです。

セブン-イレブン創業時も、新聞広告で募集し採用した一〇人ほどの社員のほとんどが小売業の経験をもたず、素人同然でした。わたし自身、イトーヨーカ堂では広報や人事など管理業務を担当し、販売や仕入れの経験はありませんでした。応援に駆り出されても人見知りの性格からか、「お前が立っていると喧嘩を売っているみたいだ」といわれる始末です。

セブン-イレブン創業を提案したときも、営業担当役員からは、「販売経験のない人間に何がわかる。だから夢物語をいっていられるんだ」とまでいわれました。

ただ、素人集団が素人の発想で、既存の流通の仕組みや商慣習を次々打破していったからこそ、いまのセブン-イレブンがあるのです。

「素人の発想」を大事にするふたりのプロフェッショナル

佐藤可士和さんとお話をさせていただいたなかで強く印象に残ったのも、佐藤さんご自身が素人の発想を大切にされていることでした。

佐藤さんいわく、新しくないと人は感動しないし、刺激にならない。ただ、「新鮮に感じる」という切り口でとらえると、新しいことは意外と見つかるもので、自分たちの日常生活のなかで感じた疑問から発想する素人の発想こそが、新しいものを引き出すうえで重要になる。

ところが、仕事をしていると、会社の都合で考えてしまう。その実例として、佐藤さんは初めてプロダクトデザインを手がけた携帯電話のデザインの話をされました。

佐藤さんは、つねづね携帯電話は全体が赤なら赤という同じ色で統一されているデザインがほしいと思っていたのに、当時はなぜかそういうものがなかった。

そこで、メーカーの担当者に、「どうしてこの部分は色を変えているのか」と聞いたところ、「そこはゴムだからグレーなんです」と当たり前のことのようにいわれたそうです。業界としては、部品の素材が違えば、色が違うのは当たり前だった。技術的には同じ色にできないわけではないのに、同じ色にしようとすると、コストがアップするというのがその理由でした。

しかし、一般の利用者からすれば、わずかにコストがあがるからという議論はリアリティがない。全体が赤くてかっこいいほうがいいに決まっている。そこで、佐藤さんは素人の発想で単色の携帯電話をつくったところ、かつてないほどの大ヒットになった。

その後は素材が違っても同じ色にするデザインが、当たり前になっていったといいます。

佐藤さんと同じように、素人の発想を大事にされていたのが、プロデューサーの秋元康さんです。「予定調和を壊すアイデアはどういうところから発想するのですか」とお聞きしたところろ、秋元さんがこんな話をされました。

社員も家に帰れば、普通の生活に戻る。会社の会議の合間の雑談でも、家庭での話題が出てくるはずで、実はそういうところにアイデアのヒントがある。クリエーターはとかく、自分たちは専門家だからこの面白さがわかるが、一般の人にはまだ早いのでは、などと考えがちだが、普通の人も専門家も、面白いと感じるところは変わらない。自分が普段の生活のなかで面白いと感じたことを大切にすべきだと。

その例として、ご自身が企画されたお笑い番組のなかの『食わず嫌い王決定戦』という人気コーナーをあげました。これも出演者と一緒に食事に行った際、苦手な食べものの話題になり、人によって意外なものが苦手だったりして、これがけっこう面白かったことから生まれたそうで、「会議室で考えていたのでは、けっして出てこなかった」といいます。

佐藤さんも秋元さんも、仕事から一歩離れた「普通の人」の発想で普段の生活のなかで、「面白い」「こんなものがあったらいい」と感じたことを大切にしていたのです。

携帯電話の全体の色をコストがかかっても統一するのも、食わず嫌いを競い合うというユニークなアイデアも、素人の発想でかっこよさや面白さを考えれば、迷わずに判断し、決断し、実行できる。

現代の仕事は複雑で判断が難しいといわれますが、実は、過去の経験や既存の常識などのさまざまな制約条件を見つけてきては、判断や決断を困難にしているのかもしれません。

誰もが仕事から一歩離れれば、生活者になる。普通の生活感覚から、過去の経験や既存の常識に縛られずに、「こうあったらいい」「こんなものがあったらよりよくなる」と考えれば、迷いが吹っきれて、決断し、実行に移せる。ブレない意思力の強さは、ものごとを単純明快に考えるところから生まれる。ビートたけしやダウンタウンのように、変わらない視点をもちつつ、「新しいネタ」を生み出すにはどう発想すればいいのか。

シンプル・イズ・ベスト。本章では鈴木流のシンプルな発想法の秘訣を探っていこう。

2 変化の激しい時代、「自分はプロ」と思いこむほうが危険

佐藤可士和氏や秋元康氏は、誰もが実力を認めるプロフェッショナルであっても、「自分は専門家だから」などと思わず、素人の発想を大事にする。これと対照的なのが「名ばかりのプロフェッショナル」だと、鈴木氏はいう。

真のプロフェッショナルとは、過去の経験をその都度、否定的に問い直し、常に新しいことに挑戦できる人です。

一方、「自分はプロである」と思いこんでいる人ほど、自分の過去の経験をとおして蓄積した知識を過信し、自分をとらえ直すという視点をなかなかもてないため、ときとして、判断のズレを生じ、間違いを起こしやすい面があります。このことに関連して、『週刊少年ジャンプ』の名編集者だった鳥嶋和彦さんもこんな話をされていました。

子どもたちは、作家名などの〝ブランド〟で判断しているわけではなく、作品そのもので判断する。だから、人気の出たマンガ家を起用しても、前作と同じような内容では、タイトルを変えただけで新しくはないとすぐに見破られてしまう。

ところが、編集者のほうは、いままで実績のあるマンガ家のほうが安心感があるため、どうしても人気のあるマンガ家に、似たような作品を描いてもらいがちで、それでは子どもたちは満足しないと。

そこで、鳥嶋さんは新人の編集者には「先輩のいうことは聞かなくていい」といっているそうです。先輩のいうことばかり聞いていると、その先輩のコピーになってしまい、個性を活かせなくなる。その結果、新しい作家を発掘できなくなり、雑誌としての魅力が損なわれてしまうのだといいます。

「セブン-イレブンマン」になってはならない

わたしもグループの入社式で新入社員に向かって、こんな話をすることがあります。

よく、会社に入ったら、上司などから「早く会社に慣れろ」「経験を積んで早く商売のプロになれ」といわれ、「これでお前も一人前の〇〇マンになったな」などとほめられたりする。

会社に慣れるのはいいことかというと、これも本当のようなウソで、お客様の心理を忘れないという意味では、「セブン-イレブンマン」になってはいけないし、「ヨーカ堂マン」になってもいけないのだと。

かつて、ひとつのヒット商品が一年も二年も続けて売れたような変化の少ない時代には、経験の蓄積がものをいいました。そのため、経験豊富なプロになることが求められました。

しかし、いまは「自分はプロである」と思いこんだときから、お客様の本当のニーズや社会の変化が見えなくなってしまうのではないかと危惧します。

「自分はプロである」と思いこんでしまう人が何より問題なのは、過去に成功をもたらした方法を熟知していることが素人との違いだと思いこんでいることです。

「お客様とはこうで、世の中はこういうものだ」「こうすればうまくいく」と思いこみ、自分の先入観を裏づける情報ばかりを見ようとする。状況の変化を示す新しい情報がもたらされても、「そんなことはない」といって、関心をもとうとしない。

経験豊富な人はよく、「わたしの経験では」といった話し方をしますが、これはたいてい、「わたしにとってやりやすいやり方は」という意味で使われます。そうした人々はまさに、名ばかりのプロです。世の中の変化に追いついていないことに気づかないまま、自分の考えどおりにやろうとして、お客様の生活感覚や日常感覚からズレてしまうのです。

常識に染まっていない純粋さが素人の強さ

セブン銀行の設立プロジェクトも、グループ内から選ばれた銀行業については素人の集団と、関係の深い銀行六行から派遣されたプロ集団の混成部隊で組織された。設立過程は、プロ集団が素人集団の発想を理解していくプロセスでもあったと、鈴木氏はこう話す。

ＡＴＭの利用手数料を主たる収益源とするビジネスモデルを成り立たせるためには、徹底したローコストオペレーションが不可欠です。ＡＴＭを従来の四分の一のコストで開発するなど、素人集団は次々と新しいことに挑戦しようとしました。しかしそれは、プロ集団にとっての既存の常識に反するもので、当初はおたがいにぶつかり合いました。

素人の発想とは、普通の生活者の発想であり、「お客様の立場で」考えるとは、生活者の立場で考えることです。

銀行のプロ集団にそれを理解してもらうには、自身でお客になってもらえばいい。そう考えた素人集団は、「セブン‐イレブンやヨーカ堂のお店に奥さんと一緒に行ってみてください」

「買い物をしてみてください」と働きかけました。

うれしかったのは、出身銀行では仕事に追われ、買い物など行ったことのなかった面々が、ことあるたびにお店に足を運び、お客様の立場で小売業を理解し、買い物の楽しさを体験してくれたことです。そして、お客様の利便性を高めるために銀行を設立しようとしていることを確認してもらえました。

そのためには最低限何が必要か、先入観を捨てて考えていけば、ローコストオペレーションのやり方も見えてきます。そうしてプロ集団も既存の常識を否定し、一緒に新しいことに挑戦していったのです。

過去の経験や既存の常識に染まっていない純粋さ、それが素人の強さです。

前例にとらわれない素人のような発想ができるか。自分のなかに顧客としての心理を忘れずもっていれば、それは不可能ではないはずだ。

3 フランフランはなぜ、便座カバーを売らないのか

ところで、仮説を立て、実現可能性をシミュレーションしてみて、自分のなかで可能性が七割方出てきたら挑戦すべきであるとの鈴木氏の持論を前章で紹介した。

その一方で、仮にそれを売れば、間違いなく大きな売り上げが得られると予想されても、あえて売らない選択をすることもある。分かれ目は、売り上げや利益より、顧客である普通の生活者の感覚を大事にできるかどうかだ。

フランフランは夢のあるものしか売らない

たとえば、フランフランはインテリアや雑貨の専門店ながら、便座カバーは絶対に置かないといいます。バルスの社長、髙島郁夫さんはその理由をこう話されました。

自分たちの店は、生活になくてはならないものを売っているわけではないので、生活者であるお客様にとって、行くだけでワクワク、ドキドキして楽しいと思ってもらえる店づくりをしなければならない。だから、楽しいもの、夢のあるものを売るという自分たちが決めた枠を守り、逆に生活感が強いものは売らないと決めている。便座カバーなどは、売り場に置けば必ず売れるとわかっていても、けっして売らない。お客様が自分たちの店に求めていない商品で売り上げをあげても、意味がないからと考えるからだと。

そして、ものごとを判断するときのバルス流の価値基準を次のように表現されました。

「目先の一〇〇万円の売り上げのために、将来の一億円を失うことがあってはならない」

便座カバーを置けば、「目先の一〇〇万円」を売り上げることはできても、お客様は「フランフランもこんな商品を置くようになったんだ」と変質を感じとり、結果、ブランド価値が損なわれ、客が離れていく。だから、便座カバーは置かない。

バルスは「バリュー・バイ・デザイン（デザインによって新たな付加価値を創造する）」という理念を掲げています。髙島さんによれば、「ここでいうデザインとは、単に商品のかたちだけではなく、サービスやお客様とのコミュニケーションなどすべてを包含する、会社としての芯ともいうべき考え方」だといいます。

お客様の日常のさまざまな生活シーンに、ワクワク感やドキドキ感を付加できるような商品を提供するという「会社としての芯」を何よりも重視する。

どんな商品を提供するかを考えるとき、「目先の一〇〇万円の売り上げのために、将来の一億円を失ってはならない」という基準がはっきりしていれば、迷わず判断できる。

だからこそ、お客様の共感を喚起し、人気を持続することができるのでしょう。

目先の利益のために将来の利益を失ってはならない

ただ、人間はややもすると、目先の利益に目が奪われてしまう傾向がある。

人間は、得られるはずの長期的な利益が大きくても、それを実感できるまでに時間がかかった場合、その時間によって利益の大きさが割り引かれてしまい、目先の短期的な利益のほうを大きく感じてしまう傾向があるからだ。

愛煙家がなかなかタバコをやめられないのも、禁煙によって得られる効用は長期にわたって得られるものであるのに対し、喫煙はストレス解消など目先の効用があるため、そちらのほうを強く実感してしまう。この心理に陥らないためにはどうすればいいのか。

たとえば、わたしたちは健康体を維持するために運動をします。ただ、運動は今日やったからといって、すぐに効果が表れるわけではないし、実感もできません。運動は長期にわたって効果が得られ、感じとるものです。

一方、運動をすれば、エネルギーは消費され、疲れます。しないほうが楽です。だから、じっとしていようと考えがちです。でも、このとき、「目先の楽さのために、将来の健康を失ってはならない」という価値基準をしっかりもてば、運動を続けられるはずです。

コンビニの経営も同じです。セブン-イレブンの店舗の場合、商品アイテムごとに、先行情報からお客様の心理を読み、明日の売れ筋の仮説を立て、発注し、結果をPOSで検証する。この「仮説・検証」をくり返して、発注の精度を高め、商品が十分にあれば得られた利益が得られなかったことで生じる機会ロスと、売れ残りによる廃棄ロスのいずれも最小化する。これを「単品管理」と呼びます。

単品管理は運動と同じで、コンビニが健康な経営を維持するためには不可欠です。なぜなら、セブン-イレブンへ買い物に来たお客様がいちばんがっかりするのは、買いたい商品が品切れして、ないことです。そうならないため、単品ごとに売れ筋を把握し、しっかりと発注していく。それが単品管理です。

比喩的にいえば、単品管理を続け、仕事の筋肉を鍛え、健康体にする。ただ、単品ごとに仮説を立てるのは、簡単ではありません。ＰＯＳデータをもとに、商品ごとに売れた数だけ同じように発注する「補充発注」のほうが機械的にできるので楽です。しかし、お客様から見るとどうでしょう。品揃えはいつも同じでマンネリ化していたら、次第にお客様は離れていきます。

一方、仕事の筋肉が鍛えられていけば、前は到達できなかった水準が到達できるようになり、今度はさらに高い水準へと進んでいこうという意欲がわきます。それが運動の効果であり、健康な経営です。その健康さは利便性に表れ、お客様に必ず伝わります。

セブン-イレブンの店舗の場合、アルバイトやパートのスタッフも日々、単品管理をくり返すのは、その考え方が徹底されているためです。それが、全店平均日販で他チェーンに一二万円以上の開きが生じる要因のひとつにもなっています。

目を向けるなら、売り手の立場での目先の利益より、お客様の視点に立った長期的な利益に向ける。判断に迷ったときは、このシンプルな価値基準に立ち戻るべきです。

4 勉強すればするほど常識に縛られる

「新しいネタ」を生むシンプルな発想と対極にあるのが、いわゆる「勉強」だ。何か新しいことを始める際、人はとかく勉強から始めようとして関連のテキストや参考資料を調べたり、専門家の話を聞こうとしたりする。

しかし、新しいことを始めるのに必要なのは仮説であり、「仮説は単に勉強するだけでは生まれない」と鈴木氏はいう。

新しいことに挑戦するときは専門家にも答えは出せない

なぜ、新しい仮説は勉強からは生まれないのかといえば、勉強をすればするほど、過去の制約条件を学ぶことになり、問題がどんどん複雑になってしまうからです。

もちろん、勉強により知識を得ることがまったく不必要なわけではありません。ただ、誰もやったことのない新しいことを始めるとき、それが成り立つかどうか、誰もわかりません。そこで、人は勉強しようとしますが、その場合の勉強とはどのようなものかと突きつめると、結局、過去の経験の積み重ねをなぞるにすぎないことが多いのです。

もし、わたしが日本初の本格的なコンビニチェーンの事業を始めようと思ったとき、その意味で勉強していたら、いまのセブン‐イレブンは存在しなかったでしょう。

大学教授も経営コンサルタントなどの専門家たちも、コンビニエンスストアという、もともと日本になかった業態について、「コンビニエンスストアとは要するに〝街のよろず屋〟ではないか」と決めつけ、「三〇坪程度の小さなよろず屋のチェーンをつくろうというのはどういうことか、そのような店は大型店に対抗できないではないか」と反対を唱えました。

何でも品揃えしているスーパーの進出により商店街が衰退している状況において、「三〇坪程度の小さなよろず屋」のチェーンをつくるとなれば、いかにも難しそうな話に聞こえます。

わたしはそうした専門家の意見については、勉強しようとしなかったからこそ、小型店でも商品の価値と生産性を高める仕組みを導入すれば、大型店と共存可能なはずだという仮説を立てることができました。

セブン銀行設立の際、グループ内部からも反対の声が少なからずあがったのは、学者や金融コンサルタントなど専門家たちから、「銀行のＡＴＭ部門はコストセンターである。そのＡＴ

M手数料を収益源にする銀行など成り立つはずがない」という話を聞き、勉強しようとしたからです。

一方、わたしにしてみればセブン-イレブンでの公共料金などの収納代行サービス取扱額が増加の一途をたどっているのを見て、次はコンビニにATMが設置されるのをお客様が望むと考えるのはごく自然のなりゆきでした。

結局、専門家が反対したわけは、これまでにない新しいことについて、どうすればそれが成り立つのか、自分たちの既存の知識や常識では答えが出せなかったからです。人は自分では答えを出せないことに反対します。

わたしたちが常に心に命じなければならないのは、前例のないことに挑戦し、自分たちで答えを探してみようとするときに、答えを出せない人の話をいくら聞いて、勉強しても仕方がないということです。

完璧さより必要なものをシンプルに見きわめる

新しいことを始めるときに、一生懸命、勉強しようとする人たちのもうひとつの傾向は、過去の事例をもとに、最初から完璧なものをめざそうとすることです。

たとえば、セブン銀行のATMは低コスト化が最大の課題でした。既存の金融機関では、

「預金者が求める機能をもつＡＴＭをつくるにはこれだけのコストがかかる」という発想であったため、一台で八〇〇万円と高級外車が買えるくらいの高額な機械になっていました。最初からもし、〝完璧なＡＴＭ〟をつくろうとしたら、セブン銀行は設立できなかったでしょう。結果として四分の一の二〇〇万円の価格に抑えることができたのは、お客様が求めるものを見きわめ、最低限必要な機能は何かを突きつめて、それが実現できればＯＫであると、お客様を起点にして単純明快に発想したからでした。

新しいことを始めるときに重要なのは、何が必要なのかを見きわめ、必ずしも最初から完璧で絶対的なものをつくる必要はないということです。

たとえば、二〇〇四年に初進出したセブン‐イレブン北京のケースです。日本の店舗では商品発注の際は、最先端の携帯端末を使います。中国でも最初から完璧なレベルをめざそうとすれば、最先端のシステムを導入することになります。

しかし、わたしはあえて、フェイスアップ（商品が売れたら、その棚の奥の商品を前に出しラベルの前面を揃える）をしながら、手書きで伝票に記入するところから始めさせました。

毎回、フェイスアップをすることで商品には売れ筋と死に筋があることを知り、常に明日の売れ筋は何か、仮説を立てて発注し、同時に死に筋は排除していくという単品管理の大切さを体で覚えていくことが何より必要であると考えたからでした。

最初から必要かつ十分以上のものをつくりたがるのは、本来は目的を達成するための手段だったのに、いつのまにか手段が目的化してしまっているからです。北京に初めから最新システムを入れなかったのも、携帯端末を使うことが目的化してしまうのを避けるためでした。

過去のケースを勉強すると、手段として使われていたものが目的化し、最初から完璧なものをめざそうとする発想に陥りがちです。

勉強で得た借り物の知識ではなく、普段の仕事のなかで感じたことや得た情報にこそ価値があり、そこから素直に発想することで仮説が生まれる。勉強ばかりしていては、いつまで経っても新しい仮説は生まれません。

5 仕事は時間をかけないほうが、シンプルに判断し実行できる

ここで、仕事をするときの時間の活かし方について考えてみたい。よく、仕事量が多くて苦しいので、チームに人を増やしてほしいと要望する人たちがいる。人を増やせば、ひとりあたりの仕事量を減らすことができるので時間的な余裕が生まれ、よりよい仕事ができるようになると考えるのだろう。

しかし、人間は必ずしも時間をかければいい仕事ができるわけではなく、むしろ、「時間をかけると必要以上のことをやり始めて逆に仕事が増えてしまう」と鈴木氏はいう。

仕事を次から次へと任される人は、かぎられた時間のなかでひとつひとつの仕事を短時間でこなさなければなりません。これは、ひとつにはその人が能力的に優れているため、短時間で

できる面もあるでしょう。

しかし、それ以上に、かぎられた時間内に集中して取り組むことで、頭のなかで問題がよく整理され、ものごとの本質を的確につかんで判断し、優先順位をつけて行動できる要素が大きいのではないでしょうか。

わたしもヨーカ堂へ三〇歳のときに入社してからは、販促、人事、広報とひとりで何役もこなし、財務経理以外のほとんどすべての管理業務を兼務しました。わたしの場合、当時のヨーカ堂が急成長のまっただなかにあり、組織が急速に拡大していくなかで次から次へと仕事を引き受けざるをえないような状況にありました。

ただ、わたしとしてはいくつも仕事を兼務しても、特につらいとも、苦しいとも思いませんでした。販促課長の机から人事課長の机に移ったら、頭をまっさらにして、その時点で何が本質的な仕事なのかを見きわめ、集中して仕事に取り組みます。そのほうがひとつの仕事をずっと引きずっているより、仕事がしやすいところがありました。

二〇〇五年にグループが持ち株会社化に移行したときも、短期決戦を求めました。その年の初めにわたしが決断し、スケジュールを立ててほしいと指示すると、スタッフからは、「株式交換比率の算定、国内外の株主への説明など、クリアすべき問題が多く、最短でも九月に臨時株主総会を開く日程で精一杯」という答えが返ってきました。

挑戦すれば、もっと早くできるはずです。わたしが命じたのは、「五月の定例総会に絶対間に合わせるように」という二倍速のスケジュールでした。

同じような仕事の進め方ではとうてい不可能です。スタッフたちはそれを可能にする方法を考え、見事にやりとげてくれました。

「ザ・プライス」という生活応援型ディスカウントストアの新業態について、二〇〇八年六月に新規開拓を指示し、「八月末オープン」という期限を設定した話を第1章で紹介しました。

会社の幹部は「年内」を目途にしていたので、こちらは二ヵ月後と三倍速のスケジュールです。「絶対無理」といっていた立ち上げメンバーも、最後は困難な条件をクリアし、開店にこぎ着けます。

人間は必ずしも時間の量を多くかければいい仕事ができるわけではないのです。

仕事は困難であるほどデッドラインの期限を区切る

一方、人間は時間をかけると必要以上の仕事を始め、仕事が増えていきます。

それは、人間が本来的には「善意の生きもの」だからです。

たとえば、一〇年ほど前、わたしたちのグループの本社をＪＲ四ツ谷駅近くの千代田区二番町のいまのビルに移転したときのことです。

以前は東京タワーの隣のビルに入っていたのですが、たまたま、より広くて家賃が安く、交通の便がよいビルの物件がもち込まれたので、わずか一週間で移転を決めました。

一般的には本社移転というと、プロジェクトを組み、人数を割き、時間をかけて取り組むのでしょう。「せっかく移転するのだから」といろいろと仕事を増やし、本来の目的とは無関係のコストがどんどん膨らんでいってしまいます。

一方、わたしたちのグループの場合、本社機能は全国の店舗を支援するためのものであり、本社移転にコストをかければ支援のレベルがあがるわけではありません。時間をかけないことで、やるべきことの本質が明確になり、設備・備品類もいっさい新しいものを買うことなく、移転を完了しました。

人間は本来、善意の生きものであり、「よいこと」をしようと考えます。これは基本的には挑戦の原動力になるものですが、目的が曖昧な場合は逆に作用し、時間をかけると必要以上の仕事を始めがちです。完璧なものをめざそうとして、本来は目的を達成する手段であったものが、いつのまにかそれ自体が目的化してしまうのです。

あるいは、時間をかけてやっているうちに、さらにいろいろな課題がもち上がって、自分たちで「できない理由」を考え始めたりします。

仕事は困難であるほど、デッドラインの期限を区切ったほうが、何が本質的に重要か、集中して考えながら、やるべき課題が絞り込まれていきます。そして、固定概念がつくり上げた制約条件や限界が取っ払われて、単純明快に判断できるようになり、逆に不可能なことでも可能になっていく。

やるべき課題を絞り込むときは、マクロから見て、自分たちは何のために仕事をするのか、何をめざしてどのような成果を生み出すべきなのかを明確にする。そのうえで、ひとつひとつのミクロの仕事がそれに沿っているのかを検証してみる。

そうすると、それまではミクロの仕事にばかり目を奪われ、あまり意味を考えず、その仕事を行うことそのものが慣例化し、無駄を生んでいたことに気づくはずです。

6　何が「スイートスポット」かを見抜く

かぎられた時間のなかで仕事に取り組んだほうが、何が本質的に重要か的確につかむことができる。本質を見抜くと、力を集中的に投入すべきポイントが明確になるため、短時間でも、成果に結びつくことができる。

実際、鈴木氏の仕事ぶりを見ると、常にものごとの本質を見抜き、力を集中的に投入すべきポイントを明確にしていることがわかる。その典型的な例として、二〇一一年の東日本大震災発生時の対応を見てみよう。

本質的な課題をあぶり出し、東日本大震災で下した判断

大地震が発生したとき、わたしは執務室にいました。過去の事例から、震度五以上の地震が発生した場合、幹部は五分以内に集合し、社内に対策本部を立ち上げる規定が定められていました。

地震発生から四分後の三月一一日午後二時五〇分には、わたしを本部長とする震災対策本部が発足します。すぐに、傘下のグループ各社店舗の被害状況の把握を開始しました。

刻々と入ってくる情報から、店舗だけでなく、物流拠点、取引先の生産工場なども大きな被害を受けたことが次第に明らかになっていきました。被災地域が広範囲にわたり、燃料、電力、物流のインフラそのものにダメージが広がっており、商品調達も配送も、簡単には代替機能が見つけられないという、過去に経験のない事態に直面したのです。

こうして被害状況が判明するなか、わたしは阪神・淡路大震災のときとは、本質的に異なる対応の必要性を感じていました。

阪神・淡路大震災のときは、被災地は神戸を中心としたエリアに集中していたため、食料をはじめ、緊急支援物資をそこに供給することが最大課題でした。急遽《きゅうきょ》、ヘリコプターをチャーターし、自衛隊の協力を得て、着陸地点を確保し、物資を輸送したりもしました。

今回も、個々のミクロの被害は同じように深刻で、支援物資の投入も急を要しました。しかし、マクロの状況が大きく異なっていました。それは、被災地が東北一帯に広がっていたことでした。当然、対応が違ってきます。わたしは被災地の人々の生活を支えるため、「店舗の再建」こそが最大課題であると位置づけました。

最大課題が決まれば、打つべき手も明確になります。店舗の再建には、棚に並べる商品が必要です。わたしは各メーカーのトップに直接電話をかけ、商品を提供していただけないか、直々にお願いしました。

好運なことに、各トップともよく理解していただき、緊急の供給態勢を組んでもらえました。ある取引先は西日本に向けて送るはずだった商品を急遽、振り向けるとの返答までいただくことができました。

一方、おにぎりや弁当など、セブン-イレブンのオリジナルのデイリー商品については、「玉突き方式」での商品の送り込みを行いました。

被災地へは比較的近い関東地区の工場から商品を供給する。関東地区へは新潟・北陸地区や長野・山梨地区から送り込むといった具合に、隣接する地区から融通し合うバックアップ体制で被災地でも店頭に商品を並べました。

こうして地震発生から一五日後の三月二六日から、セブン-イレブンではデイリー商品については通常どおり、配送の一日三便体制を再開。月末までには、全商品について受発注システムを再稼働しました。この対応力の速さは他チェーンを圧倒しました。

最大の課題であった店舗の再建も、セブン-イレブンについては休業約六〇〇店舗が、一カ月後には原発エリアなどを除いて、営業を再開。グループ企業で東北・北関東が地盤の食品スーパー、ヨークベニマルも、当初約一〇〇店舗が休業を余儀なくされましたが、グループあげての支援によって、やはり原発エリアなどの一〇店舗を除いて、営業を再開することができました。

特にセブン-イレブンについては、早期に店舗の再建を実現したことで、被災者の生活を支えるライフラインとして、改めてその役割が再評価されることになったのです。

スイートスポットをとらえた人だけが成功をつかめる

ものごとの本質をとらえることを、鈴木氏はゴルフクラブの「スイートスポット」にたとえる。スイートスポットとは、そこにボールがあたれば、同じ力で最大限の飛距離が得られる「真芯の一点」のことだ。いまの時代はスイートスポットにあてることが重要だという。

ゴルフの場合、フォローの風が吹いているときは、ボールがクラブにある程度あたれば、ボールはあまり曲がらず風に乗って飛んでいき、飛距離も伸びます。そのため、プレーをする人がおたがいに一定レベル以上の力をもっていれば、成績にはそんなに差は出ません。

一方、アゲンストの風のなかではボールをきちっとクラブのスイートスポットにあてないと、どこに飛んでいくかわかりません。実力が結果にストレートに表れます。

日ごろから熱心に練習に取り組み、正しいフォームを身につけ、技術を磨いていれば、アゲンストの風のときであっても、その努力が報われて、まわりの人たちが出せないような成果を出すこともできるのです。

売り手市場から買い手市場に転じ、少子高齢化が進み、マーケットの構造が大きく変化しているいまは、売り手にとっていつでもアゲンストの風が吹いています。

過去の経験をなぞるのではなく、ものごとの本質を見抜いて、新しいことに挑戦することのできた人たちのうちの何人かが成功をつかむことができる。

不断の努力で蓄えた実力によってボールをスイートスポットできちっととらえ、なおかつねらったところへボールを運ぶことができた人だけが勝利を得られる時代になっているのです。

セブン-イレブンの赤飯おにぎりの開発やチャーハンのつくり直しの例もそうです。赤飯のスイートスポットは「蒸す」であり、チャーハンのそれは「加熱」でした。他の要素がどんなによくても、そこを外すと失敗するため、やるべきことは明らかでした。

直面する課題のどこにスイートスポットがあるのか、素人の発想を大事にし、常に「お客様の立場で」考え、ミクロとマクロ、両方の視点から、真芯の一点をとらえる習慣をつければ、何をすべきかを簡潔明瞭に発想し、判断し、実行できるようになるのです。

スイートスポットとは別のたとえを使えば、ボウリングの一〇本のピンのいちばん先頭に立つヘッドピンのようなものともいえる。ヘッドピンにうまくあてることで後ろのピンがすべて倒れる。逆にヘッドピンを外すと、どんなに大きな力でボールを転がしても、すべてを倒すことはできない。大切なのはものごとのヘッドピンを見つけることだ。

7 実現する方法がなければゼロからつくり上げればいい

新しいことに挑戦しようとするとき、特に誰もやっていないことに挑戦する場合、実現する方法そのものが世の中に存在していないか、必要な条件が揃っていない場合が少なくない。

それでも、鈴木氏は挑戦して、なぜ成功に導くことができたのか。ここにも鈴木流のシンプルな発想を見ることができる。

たとえば、なぜ、セブン-イレブンは創業に猛反対されたのに、日本で最大の小売業へと成長することができたのか。それは、コンビニエンスストアチェーンの仕組みを、自分たちで考え、すべてゼロからつくり上げたからです。

アメリカでセブン-イレブンのチェーンを展開していたサウスランド社とのライセンス交渉

は、ロイヤルティ（権利利用料）の率をめぐり、難航に難航を重ねました。最後は先方から大幅な譲歩を引き出して、ようやくライセンス契約を結んだものの、契約後、初めて開示された経営マニュアルはレジの打ち方など、初心者向け入門書のような内容ばかりでした。

システマチックな経営ノウハウがあるはずで、それを日本にもってくればすぐ展開できると判断したのは、わたしの勝手な思いこみにすぎなかったのです。

素人集団が既存の常識を次々と打破

新会社のために集まった流通業界の経験のない素人同然の社員たちで日本初の本格的なコンビニチェーンをつくり上げる。ただ、それが逆に幸いし、素人集団は既存の流通の常識や商慣習にとらわれず、挑戦してきました。

最初が卸問屋からの小口配送の実現です。

一九七四年五月に東京・江東区豊洲にオープンした第一号店は当初、利益が出ませんでした。当時の流通の商慣習では、缶詰だったら一回に二四〜四八個が仕入れの最小単位といった具合に、どの商品も問屋から大ロットで仕入れ、在庫がなくならないと次の仕入れができないため、よく売れる商品はしばしば欠品し、あまり売れない商品は大量に残って、在庫の山を築き収益を圧迫したのです。

これを解決するには、なんとしても小ロットでの商品仕入れを実現するしかありません。それは業界の常識とはまったく相容《あいい》れないものでした。しかし、この常識を変えていかないかぎり、セブン-イレブンのチェーン展開など不可能です。

素人集団はなかなか承伏しない問屋を回って粘り強く説得し、小口配送というかつてない画期的な方式を生み出しました。

また、創業当初は、メーカーや問屋がそれぞれ独自に配送していたため、一店舗への納品のトラックの台数は一日七〇台にも上り、四六時中対応に追われました。この慣習を変える方法は存在しませんでした。わたしたちがめざしたのは業界の常識破りの共同配送です。

牛乳メーカーへも各社別々に配送していたのを、地域別に担当メーカーが他社製品も混載する共同配送を提案しました。業界の常識を破る素人の発想に対し、「よその商品を車に載せられるか」「うちの商品だけ店に置けばよいではないか」と猛反発されました。

わたしたちは店頭で実験を試みました。従来は、あるメーカーが納品に来ると冷蔵庫内の他社製品は奥のほうに動かし、自社製品をずらり前に並べていました。お客様から見ると、前にある銘柄ばかりが目に入り、売れ方はあまりよくありませんでした。

そこで各銘柄が見えるように並べ、お客様が自在に選べるようにしてみました。すると品揃えの豊富さによって集客力があがり、どの銘柄も売り上げが伸びました。この実験結果をもとに各メーカーに混載方式を納得してもらい、日本の流通史上初の牛乳の共同配送を実現したのです。

その後も、日本初の本格的コンビニエンスストアチェーンを成り立たせるため、自分たちで実現する方法をひとつひとつ揃えていきました。

不可能を可能にするセブン-イレブンのDNA

セブン銀行の設立時も同様です。低コストのATMは当時、存在していませんでした。素人集団はすべてを一から見直し、通信の方式も従来は、「各種取引のコンピュータ処理」「システム監視」「警備」「電話」と四回線を必要としたのを一回線に絞るというように、既存の概念を打ち破るさまざまな創意工夫により、従来の四分の一というコストダウンを可能にしたのです。

その後も、上質さを追求したセブンプレミアム、価格がNB商品の一・五倍もする金の食パン、「日本一コーヒーを販売する店」にしたセブンカフェと、次々とイノベーションを起こしていきました。不可能なこと、困難なことを、その都度、可能にしてきたのも、挑戦するDNAとして受け継がれてきたからです。

なぜ、みんなが賛成することはたいがい失敗し、みんなが反対することはたいていい成功するのか。みんなが「儲かるいいことだ」と思うことは、それを実現する方法がすでに存在しているか、もしくは、容易につくり出せるので、誰もが参入しようとする。

一方、何かを始めようとするとき、多くの人に反対されるのは、現状ではそれを実現するのが難しいか、実現する方法そのものが容易に考えられないからです。

一歩先の未来に目を向け、新しいものを生み出そうとするとき、目的を実現する方法がないなら、自分たちでつくり上げていけばいい。必要な条件が整っていなければ、その条件を変えて、不可能を可能にすればいい。壁にぶつかったときはものごとを難しく考えず、もっとも基本の発想に立ち戻るべきなのです。

8 選択肢が多いより絞り込むとお客様の心理を刺激する

この章の最後に、顧客、あるいは仕事上の相手の行動についても、シンプルな発想の大切さを考えておこう。
人間は一見、複雑に見える問題でも、課題を絞り込み、問題をわかりやすくシンプルにすると、何をどうすべきか、迷わず、判断し、実行できる。同じことは、顧客の行動にもあてはまるようだ。

たとえば、コンビニは商品のアイテム数が約二八〇〇種にも及びますが、種類が多く揃っているのが特徴かといえば、必ずしもそうではありません。セブン-イレブンもかぎられた店舗スペースのなかで、主力商品については、数多くの商品のなかから個店ごとにお客様のニーズが高い売れ筋を選択し、絞り込む戦略を徹底することで高い日販を実現しているのです。

なぜなら、人は選択肢が多くなると、どれを選べばよいのか、心理的な葛藤が起こり、選択が複雑化して敬遠され、判断がされなくなるという傾向があるからです。消費が飽和したいまの時代はなおさらです。

一方、商品を絞り込み、一アイテムについて十分にフェイスをとると、商品の表現力やアピール力が高まる。お客様のほうもひとつひとつの商品がしっかり視覚に入って、買い物がしやすくなります。

お客様の購買行動は選択肢の数に反比例する。本来、売れ筋になるべき商品を絞り込んで一〇個以上置いたら一〇個以上売れるのに、絞り込まず、それぞれ三個ぐらいしか置かないとお客様は選択に迷い、あまり売れません。

絞り込みとは別のいい方をすれば、お客様に対して「レコメンド（推奨）」することです。レコメンドする商品のフォーカスを絞り込むほど、お客様にとっては選択がシンプルになり、判断に迷わなくなるのです。

旭山動物園はなぜ、動物の種類を絞り込んだのか

北海道の旭川市にある旭山動物園といえば、閉園の危機を克服し、日本有数の人気動物園へと「奇跡の変革」を実現して有名です。その立て役者である前園長、小菅正夫さんと対談させ

ていただいたことがありますが、印象に残ったのは、変革の過程で動物の種類の絞り込みを行ったという話でした。

動物園は動物の種類の多さ、点数の多さが人気につながると思われがちです。旭山動物園も以前は一六〇種、八〇〇点ほどの動物がいたそうです。しかし、閉園の危機に瀕し、「命を伝える動物園」というコンセプトを新たな基本姿勢にすえて、改革に着手します。

従来どおり、いくらたくさんの種類を飼育していても、ただケージに入れて並べていただけでは、来園者にはそれぞれの特徴も違いも伝わらない。そこで、その動物本来の動きを引き出す「行動展示」に変えた。それが復活へとつながったことは広く知られています。

その際、あえて動物の種類を絞り込み、点数を減らしたというのです。

旭山動物園にはパンダやラッコのような珍獣や人気種は特にいません。いるのはどこの動物園にもいる種類です。それでも、来園客に対して、何をレコメンドするかを明確にし、フォーカスを絞り込むと、来園客も何に感動すればいいのか、迷うことなく、動物の魅力に引き込まれていく。

小売業と動物園、まったく違う世界とはいえ、どちらもお客様を相手にするだけに共通するものがあるなと感じたものでした。

交渉も問題点をシンプルにすれば妥結できる

仕事で行うさまざまな交渉でも、同様のことがいえる。課題を複雑にせず、フォーカスを絞り込めば、相手もシンプルに判断し、妥結できるようになる。

一九七〇年代の初め、セブン‐イレブンを日本で創業するため、サウスランド社と交渉を重ねたとき、交渉は最後までロイヤルティの率でもめました。

サウスランド社は、カナダなどでも現地事業者とのあいだでエリアフランチャイズを展開していました。そのロイヤルティは売上高の一パーセントで、日本だけ例外を認めるわけにはいかないと、同率一パーセントを譲りませんでした。

わたしは日本とアメリカでは流通経路や取引慣行などのビジネス環境、社会資本の未整備によるインフラコストなど、あらゆる面で条件が異なるため、ロイヤルティは〇・五パーセントを主張し、大きな隔たりがありました。

このままでは、決裂は必至です。そこでわたしはこう訴えました。

「あなた方にとってこの契約の目的は何なのか。提携によりライセンス収入が大きくなることが本来の目的であるはずだ。わたしたちはこの事業をなんとしても成功させたい。ロイヤルティを安くしても日本で成功すれば、最終的にあなた方の目的に沿うことになるのではないか」

最後はサウスランド社が大きく譲歩し、〇・六パーセントで決着しました。

サウスランド社の一パーセント案とこちら側の〇・五パーセント案の隔たりは、日米の条件の違いなど、多くの要素が複雑に絡み合って、そう簡単には埋めることができません。そこで、わたしは問題の本質がどこにあるかに目を転じさせ、議論のフォーカスを絞り込み、相手もシンプルに判断できるように仕向けたのです。

人間の脳は選択肢が一定以上になると処理できなくなるといわれる。ものごとはできるだけシンプルにする。シンプル・イズ・ベストはすべてに適応する法則ということだ。

第4章 心を揺さぶる「伝え方」

――組織も人も動かす心理を突く言葉

1

自分のなかから出た言葉こそが共感を呼ぶ

一歩先の未来に目を向け、常に顧客を起点にして考えるというブレない視点をもちながら、ものごとの本質を見抜いてシンプルに発想し、新しいことに挑戦していく。

それを実現するには、反対する人を説得したり、同調者を巻き込んでいったりと、人を動かしていく必要がある。そこで求められるのが、自分の考えを「伝える力」と、相手の話を「聞く力」だ。

鈴木氏は、子どものころは極度のあがり症だった。小学校時代も家では本をすらすら読めるのに、学校で先生から急にあてられると頭のなかが真っ白になり、うまく読めない。答えはわかっていていても引っ込み思案でみんなのあとからおずおずと手をあげる。

中学校時代は、あがり症をなんとか治そうと、弁論部に入ったりした。

それがいまでは、話し方の名手とされる。前述のとおり、セブン-イレブンには全国各地で経営のコンサルティングを行うOFC（店舗経営相談員＝オペレーション・フィールド・カウンセラー）が約二五〇〇人いる。OFCを隔週で東京の本部に集めるFC会議で行われる会長講話は、その圧倒的な伝達力から、ひとり七～八店舗を受け持つOFCの原動力となり、セブン-イレブンの強さを支える一端を担うとまでいわれる。

コミュニケーションの能力はどうすれば高めることができるのか。この章では、仕事を行ううえでのもっとも基本となるコミュニケーション力について、鈴木氏が実践してきたポイントを順に見ていこう。

実体験に根ざした話を平易な言葉で伝える

わたしはあるとき、知り合いから「自分は人前で話すとき、ものすごく緊張するが、どうすればあがらないようになるのか」と聞かれ、「自分の知らないことや聞きかじっただけのことをしゃべろうとするからあがるんです」と答えたことがあります。

人前で話をするときの基本は、自分が知っていることを、できるだけ平易な言葉、平易な話し方でそのまま表現することです。

一方、もっとも避けなければいけないのは、相手を疲れさせてしまうことです。誰しも人前で話すときは、少しでもかっこうよく見せようとして、少し高邁《こうまい》な難しい言葉や用語を使ったりしがちです。しかし、あとでもう一度辞書を引かなくてはならないような言葉は相手を疲れさせるだけで、あまり効果はありません。

同様に、横文字をよく使う人もいます。日本で一般的に使われる横文字や、前後関係から十分に通じるものは別として、相手が一瞬でも、「どういう意味か」と考えてしまうような横文字も、真の理解を阻害する要因でしかありません。

また、事前に本などを読んで、そこから引用してネタに使おうとする場合もあります。「こんな人がこういうことをいっていますが、これはこういう意味ではないでしょうか」といった具合に自分で咀嚼《そしゃく》して話すならいいでしょうが、いかにも自分の考えや言葉であるかのように話す人がいます。しかし、付け焼き刃の借り物の話をしても何の説得力もなく、聞き手を飽きさせるだけです。

人間は「考える生きもの」です。聞き手は、自分の考えと共感できることがいちばんうれしい。とすれば、同じ人間としての実体験に根ざした平易な話がとりわけ共感を呼ぶ。内容は簡単でも自分のものになった話をするのがいちばん説得力をもちます。

ビジネスに役立つ「たとえ話」の磨き方

自分の考えを平易な言葉でわかりやすく伝えるとき、わたしがよく使うのが「たとえ話」や「いい換え」です。

たとえば、社内にいると、社外のユーザーがもつ皮膚感覚を忘れてしまいがちなことを「夏の二五度と冬の二五度」にたとえ、こんな話をします。

わたしは車に乗るとき、車内温度を二五度に設定します。冬場、もし、気温が二五度まであがったら、ものすごく暑く感じますが、車内では同じ温度でセーターを着ていてもそんなに暑く感じません。逆に夏場、気温が二五度だととても涼しく感じます。しかし、車内では同じ温度でも暑く感じてTシャツ一枚で大丈夫です。車内での感じ方は車外では通用しないのです。

これは、社内という狭い空間にいる売り手と、社外という大きな環境にいる買い手の感じ方の違いを端的に表しています。市場は、社外にいるお客様の皮膚感覚で動いている。だから、常に社外にいる「お客様の立場で」考えなければいけないと。

たとえ話を思いつくのは、ものごとを類推する能力です。日ごろから、身近なできごとを自分の関心事と結びつける視点をもつ。それには、頭のなかに関心事のフックが常にあるような問題意識の持続力が必要です。

このたとえ話やいい換えをするとき、「数字」を効果的に使うと説得力がより高まります。たとえば、商品の効果的な陳列の仕方について、「フェイスを思いきり広くとり、量を多く並べると、商品の表現力が高まり、お客様の心理が刺激され、よく売れます」と、言葉で説明するだけでは、相手が実際に行動に移すかといえば、あまり期待できないでしょう。

そこで、「スーパーの鮮魚売り場で、同じカツオでも二〇本置いてある売り場と一〇〇本の売り場とではどっちが早く売りきれるかといえば、二〇本のほうが本数が少ない分、早いと思われがちだが、実は一〇〇本のほうが早い」といった具合に、数字が入ると、それは不思議だと印象に残り、自分も試してみようと考える。

人間は、数字で示されるとつい信用してしまう「数字信奉」の傾向が根強くあるのです。

2　与えられた情報も「自分の言葉」に消化し、謙虚に伝えているか

「丸呑み」した情報には説得力がない

セブン-イレブンの店舗で経営のコンサルティングを行うOFCに、いちばん求められるのもコミュニケーション能力です。

店の経営責任を負うオーナーを相手に、仕事の仕方や問題点を把握し、「こうしてはどうでしょうか」と提案し、納得してもらえなければOFCは務まりません。経営がマンネリ化したら、店は下降線をたどるしかないからです。

オーナーにはこの道一五年、二〇年と、OFCとは親子ほども年が離れたベテランも多くいます。なかには本部の方針に疑問を抱く人もいるでしょう。オーナーも自分なりの考えをもっていて、「他の店はそうかもしれないけれどうちは違う」と話を聞こうとしないこともあります。そんなオーナーの耳をこちらに向けさせるには、説得材料をもたなければなりません。

伝え方の能力は話術のうまい下手ではなく、自分で情報をもち、正しいと思った意見を自分で納得してもつことから始まります。情報をもたない人間に対しては相手も情報を提供しようとしません。

ここで重要なのは、与えられた情報を単に丸呑みして伝えたのではまったく説得力がないということです。本部でのFC会議で聞いた話をそのまま口で伝えるだけなら、すぐ見抜かれ、「使い走り」扱いされるのがオチです。

また、他店の成功事例を鵜呑みにし、得意気に紹介しても相手にされないことも多い。店のエリア内にその他店と同じ団地があっても、三〇年前につくられたのか、五年前かで、お客様の年齢層も家族構成も異なり、売れるものが明らかに違ってくるからです。

自分なりに消化し、「自分の言葉」で伝えられるか。聞いた話をもとに、自分の担当店舗だったらどう実践するか、現場ではどう取り組むかと、一歩踏み込んで、情報を血肉化することができるかどうか。それが相手を刺激し、相手からも情報が引き出されて課題が発見され、解決策を見つけていく。それがコミュニケーション力です。

つい、いいがちな「上司にいわれまして」は、まったく無駄

同じことは、一般的な商談の場面でも同様です。

商談で相手がこちらの条件になかなか応じてくれないとき、相手が自分の上司とも知り合いだと、つい、「うちの○○もなんとかこの条件でお願いできないだろうかと申しておりました」といった具合に、上司にいわれた話をもち出して、他力本願になりがちです。

それでは「単なる上司の通訳」です。

実際は、通訳にもならないことが多いでしょう。仮に上司から一時間かけていわれた話を、商談で先方に一時間かけて話すことなどできるわけがありません。かといって、話を省略して結論だけいえばいいかというと、何も伝わらない。

たとえば、誰かの講演を一時間聞いて、ものすごく感激したからといって、聞いていない人に二言三言で伝えるのは至難のワザで、相手も関心を示さないでしょう。一方、話のどこに感激したのか、一度自分のものにし、「自分の言葉」にして話せば、相手は耳を貸してくれるかもしれません。

商談も同じです。かぎられた時間でこちらの意思を伝え、理解してもらうには、上司からいわれた話も一度消化し、「自分の言葉」に変えて話すことです。説得力があるのは、自らの経験を通して自分なりに消化した情報です。

それで相手が納得してくれれば、自分の信用となって返ってくるでしょう。

「知識の押しつけ」や「人脈自慢」は見抜かれている

人と話をするとき、自分の知っている知識や情報をこと細かに披露しようとする人もいます。道案内をするのでも、ある地点からある地点までの行き方をすべてこと細かに説明しようとする。

本人は「聞き手のためになる」と勝手に思いこんでいる。しかし、そこには、自分がいかにもの知りであるか、自慢しようとする心理も働いています。だから、本人は話しているうちに、親切でもの知りな自分にどんどん酔ってしまう。聞き手は退屈しても、話し手は自分に酔っているから気づきません。

一方、情報を一度消化し、「自分の言葉」で話せる人は、交通手段を何通りかあげ、時間と費用、長所と短所くらいを話して、聞き手が聞きたいことを引き出し、必要に応じて自分の体験なども交えながら、具体的に説明する。伝わり方がまったく違います。

また、話の最中に、ふとしたきっかけで、「どこそこの誰それとはよく知っている間柄で」と、人脈をひけらかし始める人もよくいます。人脈とその人の価値とは特に関係はないのに、人脈が自分のすごさを表しているかのように思ってしまう。心理学で、「自我の延長」とか「延長自我」と呼ばれる行為です。

聞き手にとっては、相手に人脈があるからといって、話の価値が高まるわけではありません。本人は自分の領域を広げようとして、いい気分でしょうが、聞かされるほうは退屈なだけです。

話の途中で、もし、相手から、「○○さんとはどんな関係だったんですか」と聞かれたら、「大学時代に一緒にこんなことをした」とか、「以前、仕事で取引があり、こんな成果を出した」とか、説明すれば、聞き手は興味をもち、会話は深まるでしょう。

相手と話すときは、できるだけ「平易な言葉」を使うことと並ぶ、もうひとつの基本は、けっしておごらない「謙虚な姿勢」です。謙虚に接すれば、相手は心を開きます。

3

相手の心理をつかみ「表現の仕方」を変える

自分の考えを伝えるとき、特に留意しなければならないのは、それを受け止める側の聞き手の心理だ。人間はどんなときにどのように反応するのか。理屈では説明できない人間の心理の特徴を知ると、伝え方も大きく変わり、相手の受け止め方も変わってくる。

では、人間の心理にはどのような特徴があるのか。経営において、人間の心理を何より重視する「心理学経営」で知られる鈴木氏は、次のように説明する。

たとえば、小売業の場合、売り手はとかく商品の廃棄ロスをおそれがちです。反対に、その商品が十分にあれば売り上げが得られたはずなのに、なかったために得られなかったことで生じる機会ロスには、あまり目が向きません。

人は、同じお金でも、損と得を同じ天秤にかけようとせず、得られるはずの利益より、実際の損失のほうを大きく感じてしまう心理があるからです。

廃棄ロスをおそれると、発注も消極的になりがちです。一方、お客様はというと、同じ商品でも、店頭に十分な量が思いきりフェイスをとって並んでいると心理が刺激され、手を伸ばすようになります。ここに、売り手と買い手の心理のギャップが生じます。

そこで、セブン-イレブンの場合、OFCがコンサルティングを行い、売り手側に廃棄ロスより機会ロスのほうに目を向けさせて、そのギャップを埋め、お客様が求める商品が、求めるときに、求めるだけある状態をめざすのです。

「二割引き」より「現金下取り」が効果的だった理由

現代の消費社会は経済学ではなく、心理学で考えなければならない。これは、わたしが長年、唱えてきた持論ですが、それを裏づけるように、人間の判断や行動に心理が深く関係していることに着目し、理論化した行動経済学がいま、注目を集めています。

同じ一万円でも、一万円をもらった喜びより、一万円を失った苦痛のほうを大きく感じてしまう。そこで、人間は損失を回避しようと考え、行動するようになる。それが人間の心理の特徴です。

また、同じ商品でも陳列量を増やし、フェイスを目一杯とると、単品としての表現力が高まり、お客様の購買心理を刺激する。あるいは、同じマグロの刺身でも、マグロを一匹丸ごと売り場に置いて、その場で調理しながら販売する演出を行うと、爆発的に売れる。

人間は同じものでも、提示の仕方や表現の仕方が変わると判断や選択が大きく変わる。これも人間の心理の大きな特徴です。

わたしたちのグループが取り組む各種のキャンペーンのなかにも、こうした人間の心理を刺激して大ヒットした企画がけっこうあります。

たとえば、リーマンショック後の消費不況下で行った、「現金下取りセール」などはその典型です。期間中の衣料品のお買い上げ金額の合計五〇〇〇円ごとに、お客様の不要になった衣類を一点一〇〇〇円で現金下取りするという仕組みです。もう着ない服でも、捨てるのは損する気がするのでなかなか捨てられない。でも、下取りなら、不要な服に価値が生まれ、損はしないからお金に換えて買い物をしようと思う。

理屈では「二割引きセール」と同じでも、「現金下取りセール」のように表現の仕方が変わると、判断も変わる。心理効果で期間中に売り上げは二～三割もアップしました。

マイナス面よりプラス面を訴える

自分の考え方を伝えるときも、受け手の心理を考えると、表現の仕方が変わります。たとえば、「実力主義の人事」を社員にどのように説明するか。

「成績に応じて昇格だけでなく、降格も行われる」というと、社員は人間の心理で「昇格」より「降格」のほうに目が向いてしまいます。「降格」というと、一般的にはサラリーマン人生の終わりのようなイメージでとらえられがちです。

わたしだったら、実力主義を野球にたとえて、こう説明するでしょう。

プロ野球の選手でも調子が悪ければ、先発からはずされることもあるし、二軍に落ちることもある。そこでがんばればまた一軍にあがり、代打で出て好成績をあげ、レギュラー復帰のチャンスもつかめる。企業組織だってチームプレイで勝利をめざす以上、野球やサッカーなどと同じように、選手のポジションを替えたり、入れ替えをするのは当たり前だろう。実力主義で公平な人事をやるとは、いい換えればこういうことなのだと。

単なる「降格」ではなく、仮に降格になっても、そこからまた、得られるものを示せば、「ああそういうことか」と腑に落ちる。「実力主義」は単なる標語ですが、その標語をどのようなストーリーで表現すればいいかを考えるのです。

セブンプレミアムについて、「グループ内のコンビニでも、スーパーでも、百貨店でも、同じ値段で販売する」という案に対して、各社が反発した話を紹介しました。

人間は概して、「変えること」に対して抵抗します。各社が反発したのも、従来と違うやり方を始めることで何かが損なわれるのではないかと、そちらに目が向いたからでしょう。

これに対し、わたしは「重要なのは自分たちの固定観念を否定し、セブン-イレブンだろうと、イトーヨーカ堂だろうと、そごう・西武だろうと、同じ値段で販売しても、お客様に価値を感じて買ってもらえるような、これまでにない新しい商品を開発していくことではないか」と説いて、プロジェクトを推進しました。

同じ値段で販売することについて、伝え方を考え、従来と違うやり方に挑戦することで、得られるもののほうに目を向けさせたのです。

相手にどういう話し方や伝え方をすれば、理解してもらえるかを考える。それがコミュニケーションです。

4 交渉相手の「不満」を「期待」「共感」に変える

伝え方次第で、相手の心理が変わる。それは商談においても同じようだ。

「不満」を「期待」に変える論法とは

わたしはこれまで数々の商談の場に臨んできましたが、成功するポイントをひとつあげるとすれば、「成否を分けるのは話術ではなく、相手の不安や不満を期待や共感に変える論法や伝え方である」ということです。

前章で、セブン-イレブンを日本で創業するため、米サウスランド社のトップと交渉を重ねた際、最後までロイヤルティの率でもめた話を紹介しました。

率をテーマにしているかぎり、問題が複雑で、どんなに話術を駆使しても、隔たりを埋めるのは容易ではありません。そこでわたしが行った提案は問題の本質そのものでした。より詳しく紹介すると、提案の具体的な内容は次のようなものです。

「あなたがたにとってこの契約の目的は何なのか。ロイヤルティの率を高く保つこと自体が目的なのか。そうではないはずだ。提携によりライセンス収入が大きくなることが本来の目的であるはず。ならば、率を下げて、わたしたちが出店資金を確保しやすくし、店が増えて成功すれば、結果として額はあがっていく。率をあげるより、額をあげる考え方をしたほうがいいのではないか。わたしたちはこの事業を何としても成功させたい。だからできない約束はしない。ロイヤルティを安くしてでもこの事業を日本で成功に導くことこそが、最終的にはサウスランド社の目的にもっとも沿うことになるのではないか。失敗しては何も意味がなくなる」

これは「話術」ではなく、「論法」です。

商談の際の判断には、理屈だけでなく、心理的な要素も多分に影響します。

人間は利益と損失を同じ天秤では量らず、利益より損失のほうを大きく感じる。一万円もらえる満足より、一万円失う痛みのほうがこたえます。

ロイヤルティの率を下げるのは、先方にとっては得られるお金が減る話で、心理的に損失が大きく感じられ、不満に感じたでしょう。だから容易に受け入れられなかった。

そこで率から離れ、額に目を向けさせれば、こちらは得られるお金の話になります。率を下げるのは損失ではなく、利益に結びつくとわかれば、不満から期待へと心理が逆転します。

さらに、「失敗したら何も意味がなくなる」と念を押し、率をあげてわたしたちが失敗したら、得られるはずのロイヤルティのお金そのものがなくなるとして、損失を回避する心理も刺激した。これは相手の心理を読んだ論法によって、初めて可能になるのです。

ときには自分をさらけ出して説得する

セブン-イレブンの創業期に、製パン最大手の山崎製パンに正月の生産を要請したときも難交渉を重ねました。

それまでは日持ちのするロングライフパンをつくってもらって年末に一括納品し、正月の需要に対応していましたが、味の面でやや問題がありました。年中無休で営業する以上、正月であってもいつもどおりのおいしいパンをお客様に提供したいと思うのは、コンビニエンスストアとしては当然のことでした。

しかし、山崎製パンの創業者である飯島藤十郎社長（当時）は「正月まで社員を働かせることはできない」「社員に正月と盆に休みをとらせることは経営者の責任だ」と猛反発です。

交替制で社員の休暇と工場の稼働を両立させることはできないかと、担当者は飯島社長のもとに通い詰め、何度も説得を重ねましたが交渉は難航を続けました。労働組合の委員長にも直接頼みにいきました。しかし、なかなか打開できませんでした。

気落ちする担当者に、わたしはこういって励ましたものです。

「ぼくらはもともと素人集団だ。原点を忘れずにいよう」

気を取り直した担当者は、くじけることなく交渉に挑み続けました。

そして、単に正月の生産を要請するのではなく、「おいしいパンを毎日お客様に提供したい」という自分たちの思いを伝え続けました。そしてついに受け入れてもらったのです。

山崎製パンにとって、これまでやっていなかった正月の生産を行うことは、さまざまな意味で損失に感じたはずです。従業員は正月の休暇がなくなる。工場が稼働すれば、その分コストもかかる。人件費は特別な手当も支給しなければならないかもしれません。わたしたちの要請に最初は大いに不満を抱いたでしょう。もし、交渉でその問題にとどまっていたら、破綻したでしょう。

そこで、わたしたちはコンビニエンスストアの原点に戻り、商売の損得の話から離れ、正月でも「おいしいパンを毎日お客様に提供したい」と思いを伝えました。

その思いは製パン会社も同じはずです。おいしいパンを提供できれば、製パン会社にとってもお客様のロイヤルティを高めることができます。飯島社長に正月製造を受け入れてもらえたのも、それが共感できる話だったからではないかと思うのです。

相手が一面だけを見て損失をおそれ、不安や不満を抱いているときは、話術が巧みな人でも説得は困難でしょう。別の面に目を向けさせて、不安や不満を期待や共感へと逆転させる論法と伝え方を考える。

共感を得るには、ときにはあえて自分をさらけ出して説得する場合もあるでしょう。それが人間的な部分も含めた本当のコミュニケーション能力です。

5 「制約」や「縛り」を取り除き、相手を動かす

相手の目を本来の目的に向けさせる

相手に動いてもらい、本来の目的を達成できてこそ、自分の考えが伝わったことになるでしょう。

ただ、過去の経験や既存の常識によって、相手に何らかの制約や縛りがかかっている場合、そう簡単には動いてもらえないことも多くあります。

サウスランド社との交渉が難航したのも、相手のトップの頭のなかで、海外でのフランチャイズ契約のロイヤルティは、売上高の一パーセントとすることが固定観念になっていたためでした。

そこで、契約の本来の目的に目を向けさせることで、先方の固定観念を解いた。そして、交渉は、日本での事業を成功に導くことで、より多くのロイヤルティの額を得ていく方向へと切

り替わっていき、妥結へと導くことができました。

自分の考えを実現するため、相手に動いてもらう際、相手の制約や縛りをとることで、相手が踏み出しやすくするのも、伝える力のひとつに入るといえます。

日清食品の経営トップ、安藤宏基《こうき》・日清食品ホールディングス社長が来社された折、カップラーメン業界トップの力量と研究熱心さを見込んで、わたしは直接こうお願いしたことがあります。

「わたしたちのグループに、おたくにある最高の技術で最高の商品をつくってください」

「値段はどうしますか」と聞かれたので、「値段は問いません」とお答えしました。

流通業界のＰＢ商品は、販売価格を先に設定するのが常識でしたが、今回は最高の商品をつくってもらうことが最大の目的です。値段を示すと、それが相手の制約になって、最高の商品はつくれないと思ったからです。

値段は問わないといっても、カップラーメンですから、とんでもない値段の商品をつくってくるとは思いませんでした。

共同開発により、二〇一二年秋、セブンゴールドで初のカップラーメン「日清名店仕込みシリーズ」として発売され、当時のＮＢのカップ麺より価格が高いにもかかわらず、ヒットを飛ばしました。ただ、高いとはいえ、一個二六八円（税込み）と誰もが手の届く値段でした。

安藤社長から後日、聞いたところでは、この話を会社にもち帰ったところ、幹部の方々は当初、「あとで値段のことをいってくるのでは」と難色を示したそうです。それほど、値段は商品開発において、制約になるものです。

それをはずしたことで、「最高の技術で最高の商品」という本来の目的達成が可能になり、そのうえで、最終的に値段も妥当な線に落とし込んでもらうことができた。

もし、初めから「一個二〇〇円台半ばで」と伝えていたら、開発担当者は制約の範囲内で使える技術を考え、結果、こちらの思ったような商品はできなかったかもしれません。

ある条件を示すと相手が既存の常識や固定観念に縛られてしまい、本来の目的達成が難しくなるときは、その条件を伝えないことも「伝える力」といえるということだろう。

相手を奮起させる伝え方とは

何かを伝えるとき、けっこう難しいのは、励まし方です。特に相手が意気消沈しているときには、どんな言葉を伝えればいいのか。

セブン銀行を設立する過程でのことです。設立プロジェクトが開業一年前の二〇〇〇年一月にスタートすると、わき上がったのは金融業界を中心に否定論の嵐でした。「銀行が次々経営破綻しているなかで新規参入しても絶対無理だ」「素人が銀行を始めても必ず失敗する」……などなど、容赦ない声が浴びせられ、なかには「万一成功したら銀座を逆立ちで歩く」といった揶揄《やゆ》まで聞こえました。

実際、わたしたちは金融はまったくの素人で、設立準備は難航をきわめました。ある日、プロジェクトの中心で対外折衝を担ったセブン-イレブンの財務担当常務（当時）が、四面楚歌の交渉に疲れ果てたのか暗い表情でやってきました。

沈んだ様子に、わたしはこう声をかけました。

「失敗してもいいじゃないか。失敗も勉強のうちだよ」

確かなニーズがある以上、挑戦する価値はあります。「大丈夫だ。がんばれ」と励ます方法もあるでしょう。ただ、本人が「うまくいかないかもしれない」と思っているようなときには、どんな言葉をかければよいのか。

わたしはトップの口から「失敗してもいいじゃないか」と語り、結果、本人はこの日を境に吹っきれたようにがんばりを見せ、プロジェクトは次第に軌道に乗っていくのです。

「失敗してもいいじゃないか」という言葉は、受け手にとっては、「失敗しても後悔しないよう、全力を尽くして挑戦しよう」という意味になるのでしょう。実際、失敗したら結果の責任は自分がとるつもりでした。

相手にどのような伝え方をすれば、制約や縛りがはずれ、前に踏み出してもらえるか。それは、相手の立場で考えて、初めてわかるものです。コミュニケーションの基本は他者理解にある。その原点を忘れるべきではないでしょう。


仮に、「失敗しても後悔しないよう、全力を尽くして挑戦してほしい」と思っても、話す側がそれをそのまま言葉にしたところで、相手には伝わりにくい。

「失敗してもいい」「失敗も勉強のうちだ」と、より踏み込んだいい方をすることで、相手も真意をくみ取り、自分のなかの制約や縛りをはずしていく。一〇のことを伝えるとき、二〇のいい方をすることで、一〇が伝わることもあるということだろう。

6　価値ある話を聞くには、自分の考えをもち相手にぶつける

「伝える力」と並ぶもうひとつのコミュニケーション能力が、「聞く力」だ。鈴木氏は、あがり症の基本的な性格はいまも変わらず、「初対面の相手と一対一で話すと雑談が三〇分も続かない」という。

その一方でセブン＆アイグループが年四回発行する広報誌では毎回、各界の著名人との対談のホスト役を担当して二〇年以上になる。相手の大半は初対面でも、なぜ、対談はうまくこなせるのだろうか。本人はこう話す。

雑談だと三〇分も続かないのに、なぜ対談が続くのか。こちらはお招きする側なので、基本的には聞き役のホスト側に回りますが、雑談と違って、対談では「自分の考え」を相手にぶつけることができるからです。

わたしは対談相手についての必要最小限の知識は入れておきますが、事前に資料を読み込むといった準備はあまりしません。準備をして役立てられれば、それに越したことはありませんが、付け焼き刃の生半可な知識で話がかみ合わなくなってしまうよりも、やりとりのなかから、想定していなかった話題が出てくることを期待したいのです。

ゲストの話を聞いて共感するところがあれば、自分の考えをぶつけてみる。すると、向こうからまた反応が返ってくる。本当に価値のある話は聞き方のうまい下手ではなく、自分の考えを相手にぶつけることで引き出せる。それが聞き出す力だと思います。

ブレない考えをもつ人は「聞き上手」になれる

お客様と商談をするときも、事前に資料を読み、それをもとに聞くだけなら、どんなに上手な聞き方をしても、すでに出ている情報しかとれないでしょう。その情報は競合もつかんでいるかもしれません。

先方から本当に価値のある情報を引き出そうと思ったら、自分なりの考えをぶつけ、双方向のやりとりをすべきです。それには自分の考えをしっかりもたなければなりません。

サウスランド社との交渉で、相手の本当の目的を引き出し、相手の関心をロイヤルティの率から額に転じさせることができたのも、わたし自身、日本でも小型店が生産性を高め、お客様のニーズの変化に対応していけば、必ず大型店との共存共栄が可能で、コンビニエンスストアチェーンは成功するという、はっきりした考えがあったからです。

相手に考えをぶつけるとき、大切なのは考え方がいつも同じでブレないことです。商談でもそうです。話術が巧みでも、その都度、いうことが変わる人間を誰が信用するでしょうか。話し方はうまくなくても考え方がいつもブレない人間を相手は信頼します。

わたしの場合、単純明快です。変化に対応するには常に過去の経験を否定しなければならない。売り手側の勝手な思いこみで「お客様のために」と考えるのではなく、「お客様の立場で」で発想しなければならない。市場の変化に対応し、新しいことに挑戦していけば、拡大均衡をめざすことができる……などなど、いうことはいつも同じです。

考え方や持論は別に難しい理論や知識である必要はなく、自分の経験のなかでつかんだ真実でかまいません。むしろそのほうが同じ人間として共感を呼びます。

佐藤可士和流コミュニケーションの四つの心得

アートディレクターの佐藤可士和さんと初めてお会いしたのも、広報誌での対談でした。その折もわたしは佐藤さんに、ひとつの問題意識をぶつけてみました。

商品のライフサイクルがどんどん短くなっているいまの時代は、次々と新しいものを生み出さなければなりません。しかし、それだけでは不十分で、その新しい価値をいかに伝えていくか、お客様に対するコミュニケーションも小売業にとっては重要な課題になっているのではないか。それは日々の経験のなかで感じていた問題でした。

すると、佐藤さんもまったく同じ問題意識をもっていました。日本企業はどちらかというと「口下手」で、いいものをつくれば黙っていても売れると思っているか、伝わっているような気がしているだけでほとんど伝わっていない。伝わっていないのは存在してないのと同じであると。そして、伝えるときに何が重要か、佐藤さんはこう語ったのです。

「コマーシャルを打つことも大切ですが、もっとも重要なのは、その根底に流れるフィロソフィーができているかどうかなのです」

自分のなかに明確な考えがあるかどうかが問われる。セブン-イレブンのデザインのトータルプロデュースをお願いしたのも、この対談で共感し合ったことがきっかけでした。

佐藤さんの仕事の仕方は、外から何かを付け足すのではなく、クライアントと対話を重ねるなかで聞き出すことに力を入れられます。わたしも佐藤さんとふたりだけで何回も話し合い、信念をすべてお話ししました。さらに、社長以下、現場部隊も入ったミーティングは一年間で三〇回を超えました。佐藤さんも、これほどミーティングを行うクライアントは初めてだったようです。

クライアントが気づいていないよい部分、主張すべき部分を引き出し、それを明快なかたちで提示する。その際、佐藤さん自身は、相手とのコミュニケーションで次の四つを大切にしているそうです。①人の話をちゃんと聞く、②話の本意を読み取る、③自分の考えを正確にまとめる、④相手にわかりやすく伝える。

佐藤さんは相手とのコミュニケーションにおいて、伝え方、聞き方の名手だからこそ、有名企業からの依頼があとを絶たないのでしょう。

「聞き出す力」も単なる聞き方のうまい下手ではなく、「伝える力」と一体となって発揮される。自分の頭で考える力は、コミュニケーション能力も支えるということだろう。

7 上司が部下を動かすには「言葉の裏づけ」を共有すること

若い社員もやがて、管理職になり、部下をマネジメントする立場になる。マネジメントとは、「あなたはこの仕事を担当してくださいと分担させ、仮にその仕事は嫌だという部下にも仕事の面白みを味わわせ、やりがいをもたせること」だと、鈴木氏は話す。

それには、上司から部下へ、どんな伝え方をすればいいのか。本章の最後は、上司が部下を動かすための伝え方を考える。

極意は、「相手が動くまで伝え続ける」こと

上司と部下のあいだでありがちなのはこんなケースです。ある問題について、管理職に「あの件はどうした」と聞くと、「その件なら担当者に何回も話しましたから伝わっているはずで

す」と答える。いわれた担当者もわかったつもりになっているかもしれません。

しかし、何回話しても、「伝わっているはず」と「わかったつもり」のあいだにズレがあって、その担当者の行動に結びつかなければ、話したことにはなりません。

どうすれば、相手の行動を引き出せるのか。

人の行動は自覚から始まります。たとえば、人は空腹でなくても目の前に大好物が並べられれば、特に強制されなくても食べたくなるでしょう。それを食べれば満足できるという自覚があるから進んで食べるのです。どんなに難しい問題も、それを解決すればよい方向に向かうと本人が自覚していれば、そこから自主性が生まれます。

一方、難しいのは、相手が自覚していないときに納得させて、行動を起こさせることです。

相手が自覚していないときに納得させ、行動を起こさせるための基本は、一度や二度うまくいかなくともあきらめずに相手に伝え、相手から聞き、相手が納得するまで対話を続けることです。

コミュニケーションに奇策はなく、相手が動くまで、対話を重ね、くり返し伝え続ける。大切なのは、コミュニケーションの徹底力です。

もちろん、同じ話をくり返すだけでは、相手も聞くのに疲れるだけでしょう。

相手の反応を見、話を聞き、その日の話し方や伝え方のどこが弱かったのか検証し、次につなげていく。相手がなかなか動かないのは、簡単に納得できない理由があるからで、それは何なのか、相手の立場に立って考えながら接点を見つけることも必要です。

一～二度、伝えてもうまくいかず、難しいとあきらめてしまう人は、うまくいかないことをいい訳にして本当はコミュニケーションを避けているだけです。

相手が動くまでくり返し伝え、対話を続ければ、必ず伝わる。説得の基本はいかにＩＴ化が進もうと変わらず、同じです。

対話は「言葉の裏づけ」を共有するためにある

ひとつひとつの言葉には背景に、裏づけ的な意味合いがあります。よく相手と「言葉が通じない」という場面に直面しますが、それは背景にある「言葉の裏づけ」が立場や世代などにより異なることが多いからです。

チームで仕事をするとき、上司がいくら強い言葉を発しても言葉の裏づけがメンバーと共有できていないため、誰も自覚せず、動かず、業績があがらないケースがよくあります。くり返し伝え、対話を続けるのは、言葉の裏づけをおたがいに共有するためでもあります。

セブン銀行を設立するときも、そうでした。グループ企業のメンバーと銀行からの支援メンバーからなる混成部隊のなかでは、当初、「銀行」についての考え方に隔たりがありました。

それは銀行という言葉の裏づけ的な意味合いがそれぞれ違っていたからです。

金融のプロ集団にとっての銀行は、既存の銀行です。一方、素人集団にとっての銀行は、おもに店舗に来店されるお客様の利便性を高めることが第一目的でした。

そこでセブン&アイ側のメンバーは支援メンバーの銀行マンたちに、セブン-イレブンやイトーヨーカ堂の店舗に自ら足を運んで買い物をしてもらうよう働きかけ、「お店とはこういうものだ」「お客とはこういう存在だ」と感じとってもらおうとしました。そして、その体験をもとに対話を重ね、自分たちのめざす銀行について理解してもらおうとしました。

それはまさに、おたがいに言葉の裏づけを共有するプロセスでもありました。

言葉とはひとつの記号にすぎません。単に言葉を伝えるだけなら、文書やメールでもいいでしょう。なぜ、相手に伝え続け、対話を続けることが大切なのか。言葉の裏づけをきちっと理解させ、共有し、その言葉によって、みんなが自覚し、動くようにするためです。

対話は人間の心理や考えを「浄化」する働きがある

上司が部下に伝え続け、部下と対話を続けることで、相手の自覚を促す。それは言葉の裏づけを共有するほかに、もうひとつの意味合いがあります。

対話には人間の心理や考えを「浄化」する働きがあるからです。

人間はひとりで考えていると、保守的な心理に陥り、なかなか前に踏み出せません。

このとき、上司と対話を重ねながら、あるべき姿について考え方や価値観が共有されていくと、考え方が少しずつ浄化され、不透明で漠として見えなかったものが見えるようになり、新しいことに挑戦する意欲がわく。上司の役割はここにあります。

もし、いま、部下の仕事がうまくいっていないとしたら、もう一度、自分のコミュニケーションのあり方を見直してはどうでしょうか。

伝える側が一方的に伝えた「一方通行」になっていないか。盛り上がっても肝心なことは何も伝わっていない「漫談」で終始してはいないか。相手との対話のなかで、どこかに浄化されていない感じの部分があれば、改めて対話する力を磨いてみることです。

第5章 運をつかむ「生き方」

――前に進む人には失敗も成功の要因

1

生き方を変える基本はひとつ。自分にどこまで妥協しないかだ

本当にそうか、なぜなのかとクエスチョンを発しながら、自分の頭で考え、仮説を立て、答えを導いていく。その際、ブレない視点をもち、シンプルな発想で判断すれば、迷わず決断し、実行できる。

実現に向け、必要があれば、自分の考えをまわりに伝え、人を動かす。そのベースになるのは、やはり、仕事の取り組み方だ。

現状にとどまり続けるか、一歩踏み込んで前に進み、挑戦するか。仕事の取り組み方にはその人の生き方が投影される。この本のまとめとして、人間としての生き方について、鈴木氏が八〇年の人生から学び取った真髄を語る。

人間は生き方において、矛盾したふたつの顔をもっています。ひとつはやるべき価値がある

と思ったら困難であっても挑戦しようとする自分です。そして、もうひとつは、本能的にわが身を守ろうとする自分です。

世の中のことについては革新的なことをいう人でも、自分自身にかかわる問題になると、保守的な心理に傾いてしまう。これまで続けてきた仕事のやり方を変え、新しいことに挑戦すれば、新たに得られるものがあるかもしれない。でも、もしうまくいかなかったらどうするか。得られるものより、リスクのほうを大きく感じて、なかなか変えられない。

そのとき、考えなければならないのは、自分を取り巻く環境はめまぐるしく変化していると いうことです。昨日と同じ仕事の仕方を続けていたら、環境の変化に取り残されていき、自分自身の競争力が失われていく。

いまは、変わらないことのほうがリスクが高い時代なのです。

では、どうすれば、自分を変えていくことができるのか。いまの状態を変えると何かを失うのではないかと思うのは、逆にいえば、自分が何かにしがみついているからです。

しがみつく対象は、これまでの安定した状態、波風の立たない日々、職場での周囲への同調、失敗の可能性の低いやり方……などなど、さまざまでしょう。雇用、ポスト、収入、虚栄や世間体などにしがみつく人もいるでしょう。

しかし、人間、何かにしがみつくと本当の力は出せません。

しがみつかないから、やりたいことができた

わたし自身、周囲の反対にあっても、新しいことに挑戦してきたのは、何かにしがみつくということがなかったからです。

「はじめに」でも書いたように、わたしは小売業が好きでヨーカ堂に入ったわけではありません。トーハン時代、わたしは弘報課に所属し、編集を任された『新刊ニュース』という広報誌の誌面改革を成功させ、発行部数を五〇〇〇部から一三万部へと大幅に伸ばしました。

仕事を通じて知り合いになったマスコミ関係者とテレビ番組制作の独立プロダクションをつくる話がもち上がり、スポンサーになってもらおうと訪ねたヨーカ堂で、幹部から誘われて転職したものの、プロダクション設立の話は立ち消えになりました。

ただ、いきさつはどうあれ自分で決めた以上、自分で責任をもたなければなりません。だから逆に会社にしがみつくという考えをもたずに、いいたいことをいい、やりたいことに挑戦できたように思います。

大学を出て憧れの会社に入り、みんなからも祝福されたりすると、自分の人生を託してみようとか、みんなの期待は裏切れないといった思いがわいて、無意識のうちに会社にしがみつい

てしまいがちです。もし、わたしが会社にしがみついていたら、コンビニ事業など考えもしなかったでしょう。

人間は一方で何かにしがみつきながら、もう一方で新しいことに挑戦することはできません。自分では一歩踏み出したつもりでも、思うように前に進まない人は無意識のうちに何かにしがみついているのかもしれません。

自分に妥協しない生き方へとどこまで踏み込めるか

挑戦するとは、裏返していえば、どこで妥協するかです。誰もが挑戦しようとする自分と守ろうとする自分をもっている。挑戦するか、守るか。結局、その人の生き方は、自らを守ろうとする心理にどこまで妥協するかで決まっていくのでしょう。自分に妥協しない生き方へとどこまで踏み込めるか。挑戦していく生き方へと自分を変えていくことができるかどうかです。

とすれば、生き方を変える基本はひとつです。自分に妥協しない生き方へとどこまで踏み込めるか。挑戦していく生き方へと自分を変えていくことができるかどうかです。

わたしの場合、何かを計算してやることはあまり得意ではありません。自分でやっていて気がすむかすまないか。要は自分で自分に妥協ができないのです。損な性分だとも思いますが、それがわたしという人間ならば、それを実行する。

自分らしく生きるとはそういうことなのでしょう。

人間は「善意の生きもの」なので、妥協するより、本当はこうありたい、ああありたいと思っているときのほうが精神的に安定するものです。つまり、人間にはもともと、目標に向かって、自分を変えていこうとする習性がそなわっているのです。

守ろうとする自分があることも認めながらも、新しいことに挑戦しようと意欲をもち続ける。それが人間本来の生き方ではないかとわたしは思います。

もし、踏み出せずにいたら、どこかで自分に妥協していないか。何かにしがみつく手を離せば、真の挑戦力が生まれる。それは仕事の成果となって必ず返ってくるはずです。

2 「いい子」や「評論家」の反対を生きれば必ず人生は大きく開ける

人は会社や組織にしがみつこうとすると、誰にもいい顔をする、いわゆる「いい子」になりがちだ。しかし、「会社のなかでは〝いい子〟になってはならない」と鈴木氏は厳しくいう。

人は「いい子」でいようとすると、組織内の厳しい現実にできるだけ直面しないように動きます。そのため、何か問題が発生したとき、解決するのが難しそうだと「まあまあ」のところで妥協してしまう。本当の原因がどこにあるのかわかっていても、波風が立つのを避けて、「なあなあ」ですませてしまう。

上にも下にも、横にもいい顔をして、非難されるのを避ける。それはただ、失敗をしたくないだけです。だから、決断もできず、自分で責任をとることもできない。自分は何をやりたいのかという意思もない。それはけっして、人間本来の生き方ではありません。「いい子」にならないためには、自分なりにこれは正しいと思う考えをしっかりもつことです。何か問題に直面しても、その都度、自分で正しいと思うことを実践し、「なあなあ」「まあまあ」にしない習慣を身につけることです。

問題がやっかいなことであっても、目を背けない。まわりから反対されても、相手が誰であろうと安易に妥協することなく、勇気をもって自分の考えを主張し、説得を重ねていく。妥協をしない姿勢が積み上がって、あるとき大きな成果となって、必ず花開きます。

右肩上がりで経済成長が続いた時代には、「いい子」でいて大きな失敗をせず、無難にやりすごせば、組織において上にあがっていくことができました。しかし、いまでもそんな仕組みが残る会社は変化に取り残されるだけです。

「評論家」をやめ、「実務家」になろう

鈴木氏が「いい子」と並んで、もうひとつ、組織において絶対になってはならないと批判するのが「評論家」だ。

「評論家」は、何か問題が起きると、それについて論評するだけであって、結果に対して自分で責任をもつことはありません。失敗はしたくない。自分は何をやりたいのかという意思もないという点で、「いい子」と変わりはありません。

もちろん、社会全般においては、さまざまな分野で評論家は一定の役割を果たしています。しかし、明確に結果を出していかなければならない企業のような組織においては、内部に評論家は必要ありません。

ところが、最近は企業内でも評論家がよく見受けられるようです。口では、会社の戦略や組織の方針を立て板に水のようにすらすらと説明できる。では、実際にそれを実行に移しているかというと話は別で行動がともなっていない。

業績が低迷したりすると、会社の戦略や方針の問題点をあたかも評論家のように論じ始める。そんな評論家タイプが目立つようになると、危険信号です。

わたしたちがめざすべきは、実行して必ず数字で結果を出していく「実務家」です。

実務家として、徹底して自分の仕事を追求し続けると、世の中の真実に到達でき、何をなすべきかが明確につかめるようになります。

たとえば、市場のニーズをどうとらえるか。評論家型の人間は、世の中の評論家たちの話を鵜呑みにする傾向が強いため、誰か著名人がテレビや新聞などで「いまの日本は消費が多様化している」とかと述べていると、その受け売りで「自分たちも多様化に応えなければならない」などと口でいうだけで、結局何も実行できない。

仕事と作業との違いは、作業はあらかじめ答えがわかって行うのに対し、仕事は自分で答えを出していかなければならないと前述しました。評論家型の人間は、人が出した答えが正しいかどうかも検証することなく、鵜呑みにし、しかも、実行できないという意味では、作業もできていないともいえます。

どこかで傍観者意識に流されていないか

一方、実務家は実際のお客様の反応を見ながら、どういうときにどのような買い物をするのか、なぜこの商品を仕入れ、どんなお客様に売ろうとしているのかを実務としてとらえ、自分で考え、仮説を立て、答えを導き、結果を出していかなければなりません。

しっかり実務をこなしていけば、むしろお客様のニーズは特定の商品に集中するため、「画一化」の傾向にあり、したがって、常に仮説を立てて商品を絞り込んでいくことが重要であり、それには一歩踏み込んで挑戦する姿勢が必要であるとわかります。

問題なのは、評論家タイプは自分がそうであることになかなか気づかないことです。

自分は口だけでなく、実行がともなっているかどうか、常に問い直す。

自分では一生懸命やっているつもりなのに思うように成果が出なかったら、どこかに問題があるはずだと突きつめて考えていけば、仕事のやり方を根本から変えなければならないことに気づく。

要は、どれほど当事者意識をもって仕事に取り組むことができるかです。どこかで傍観者意識に流されるとすべてが中途半端に終わります。それは仕事において妥協しているだけでなく、自分に対しても安易に妥協しているのだと気づけば、取り組み方は必ず変わっていくはずです。

もう一度、問います。あなたは本当に仕事をしているでしょうか。もし、自分なりの充実感を感じられなければ、いまこそ仕事のやり方を変えるべきでしょう。

3 真の「幸運」は挑戦し続けるものにのみ訪れる

何かに挑戦するとき、成功するかどうかは、運に左右される部分もある。鈴木氏も、「自分は多くの場面で運に恵まれてきた」と話す。ただ、鈴木氏は結果として、幸運を引き寄せることになる行動をとっていた。運を味方につけるにはどうすればいいのか。

わたしが運に恵まれた最初はトーハン時代です。弘報課で『新刊ニュース』の内容を軽めの読み物中心に変え、有料で販売する改革案を提案したとき、部長や担当役員は、「自分たちは出版のプロだ。過去の経験からしてそう簡単に売れるものではない」と、取り合ってもらえませんでした。

それでもどうしてもあきらめられず、弘報課の隣にあった企画室の室長に、「こんなこと考えているんですが」と話してみました。すると幸運にも、直属の上司でない企画室長が「そんなに一生懸命やっているんだったら」と、社長の耳に入れてくれたのです。

社長のはからいで役員会で説明することになり、役員会では「面白そうじゃないか、ひとつやってみろ」というトップのひと言で状況が逆転しました。

もし、組織にしがみつき、組織の論理を第一に考え、あきらめていたら、別の部署の上司に話したりはしなかったでしょうし、誌面刷新は日の目を見ず、その後、ヨーカ堂に転職することもなければ、セブン‐イレブンを創業することもなく、いまのわたしは存在しなかったでしょう。

責任感と使命感をもらった青年経営者との出会い

セブン‐イレブン一号店開店にも幸運な出会いがありました。

日本初の本格的なコンビニチェーンを素人集団が自力で立ち上げるしかないと決意したときに届いたのが、新聞記事で知ったという東京・江東区豊洲の酒販店経営者からの「やってみたい」という手紙でした。

大学在学中に父親を亡くし、中退して店を継いだ二三歳の青年です。結婚したばかりで、妹さんや弟さんの面倒も見ていました。

会ってみると、「自分の店でコンビニを商売として成り立たせてみたい」と責任感がひしひし感じられました。わたしはその青年経営者にひかれ、こう約束しました。

「ぜひいっしょにやりましょう。もし三年後に失敗していたら、わたしが責任をもってお店を元どおりにしてお返しします」

社内では、「いきなりフランチャイズ店を出すのは冒険だ」「先に直営店で実験してノウハウを実地で身につけたほうがいい」と反対論が多く聞かれました。既存のセオリーに従えば、そのとおりです。

しかし、セブン‐イレブン創業の最大の目的は大型店と小型店の共存共栄が可能であると証明することにありました。わたしは青年の現状に甘んじない若さと新しいものに挑戦しようとする熱意にひかれ、一号店を決めました。

結果は大正解でした。妊娠中の奥さんと力を合わせ、懸命に取り組むオーナーと出会えたことで、何としてもコンビニチェーンの経営を成り立たせるという責任感と、既存の流通の仕組みを変えていかなければならないという使命感が生まれました。

もし、最初は直営店で実験するという常識どおりのやり方をとっていたら、どこかに甘えが生まれ、壁にぶつかっても、それを突破するだけの力がわいたかどうか疑問です。

セブン-イレブンで世界初の情報システムを構築したときも幸運にめぐりあっています。創業四年目に入り、チェーンが三〇〇店を超えるようになると電話による発注では対応しきれなくなり、店舗での発注のシステム化に挑戦することになりました。

大手メーカーに次々断られるなかで唯一、応諾してくれたのが日本電気でした。しかし、交渉は難航しました。わたしたちはチェーンが今後拡大してもコスト的に成り立つシステムをつくっておくべきであると考え、他社の参考機種の半分という業界の常識を超えた低コストを求めました。

しかも、開発期間は日本電気側から示された「二年」の四分の一の半年、台数は五〇〇台の一気投入です。

暗礁に乗り上げそうになりながら、決裂にいたらなかったのは、日本電気の小林宏治会長(当時)に広い視野から判断をしてもらえたからです。小林さんは、日本電気を情報・通信系の一大エレクトロニクス企業へと成長させた名経営者です。

その小林さんが、「コストは長い目でペイすればいい。現場の人たちのニーズに応えていかなければいいシステムはつくれない。セブン-イレブンと組みなさい」といってくれたことで事態は打開され、日本電気には将来にかける構えで取り組んでもらえました。

以降、最新の第六次総合情報システムにいたるまで、その都度、世界でも類例を見ない最先端で最大規模のシステムを構築してきました。

情報システムは情報の動脈です。もし、交渉の際、妥協して条件を少しゆるいものにすれば、小林さんが出てくるまでもなく、そんなに難航せずにまとまったかもしれません。しかし、それなりのシステムができても、その後の情報化の進展は違ったものになったでしょう。

運を引き寄せる確実な方法がある

その後も、わたしのビジネス人生の節目節目で幸運なめぐりあわせによって事態が好転したり、新たな天地が開けたことは枚挙にいとまがありません。

もし、組織の論理のまま動いたり、既存の常識どおりのやり方をしたり、目先の都合を優先して交渉に妥協したりしていたら、幸運にめぐりあうこともなければ、出会った偶然を活かすこともできなかったでしょう。

ビジネスは能力や努力だけでなく、運も左右します。世の中を見渡すと、大きな成功をなしとげた人たちはたいてい「運がよかった」といいます。それは単に幸運に恵まれたというよりは、幸運を呼び寄せるような考え方や行動をとっていたのではないでしょうか。

運はまったくの偶然ではなく、一歩踏み込むことで運を引き寄せることができる。

過去の経験や既存の常識を超えた考え方や動き方をすることで、普通に行動していたらめぐりあえないような幸運にも出会うことができるようになる。

対照的に、自分では努力したつもりでも仕事がうまくいかない人は、よく、「オレはついていない」などとグチをいいます。しかし、それは運に恵まれないのではなく、何かに縛られていたり、安易に妥協していたり、幸運と出会いにくい仕事のやり方をしているのではないでしょうか。

挑戦すればするほど、リスクも高くなりますが、幸運と出会う確率も高くなる。挑戦しないかぎり、運をつかむことはできません。

幸運は挑戦して努力するものにのみ訪れる。あなたはいま、何かにしがみついてはいないか。はっきりいえるのは、もし、何かにしがみついていたら、その手を離さないかぎり、運をつかみ損なうということです。

4 懸命に「行き当たりばったり」に生きる

鈴木氏は、自身の若いころからの生き方について、「もともと計算ずくの生き方は得意ではなかった」という。振り返ってみると、「若いころはけっこう行き当たりばったりの生き方をしてきたように思う」とも話す。ただ、単なる行き当たりばったりと異なるのは、一貫して「懸命に生きた」ということだ。本人が話す。

わたしの実家は長野県の古い地主の家系で、父親が郷里の町長や農協組合長といった公職を務めたため、わが家には地元の政治家が出入りし、わたしも門前の小僧でいつしか政治家に憧れを抱くようになりました。

「政治家志望なら経済学を勉強したほうがいい」とすすめられて、一九五二年、中央大学経済学部に入学します。授業のあと、毎日、国会を傍聴したり、地元選出の政治家の事務所に遊びに行っていました。奇妙な学生でしたが、自分ではそれで何かが身につくと真剣に思っていました。

ところが、二年生になって、わたしの学生生活は思わぬ方向に進みます。先輩から「自治会に入ってくれ」と頼まれ、二ヵ月後には書記長になっていました。自治会は左派と右派の対立が激化して、三役が総辞職に追い込まれ、右でも左でもなく、何かとあるべき論を唱えていたわたしに大役が回ってきたのです。

当時、「地方出身学生の選挙権は就学地ではなく郷里に置く」という自治庁（当時）の秘密通達がありました。実質的に、地方出身の学生の選挙権が剝奪されるのも同然です。各大学の自治会とともに通達の撤回を求め、学生運動を展開しました。

この間、学生運動のことが郷里の親に知られてしまい、「続けるなら仕送りは一銭もしない」と、親はカンカンです。わたしも学生運動そのものをやりたかったわけではありません。結局、書記長職は一年だけで退任しました。

学生運動がわたしの人生に影響を及ぼすのは、就職活動のシーズンを迎えてからです。学生運動にかかわったものは企業のブラックリスト（要注意人物リスト）に載せられて、通常の就職はほとんど道が閉ざされていました。そのときになって初めて知ったのですから、いかに行き当たりばったりだったかがわかります。

試験が受けられるのはマスコミぐらいです。新聞社の入社試験で筆記は受かりましたが、大勢の前でのあがり症は克服したものの、一対一の面接試験ではあがり症が頭をもたげ、不合格でした。父親のツテで採用してもらえそうだった農協系の出版社も、急遽、採用中止に。その出版社の紹介でトーハンの試験を受け、なんとか合格。想定外の会社に勤めることになったのです。

スタートが失敗だと、挑戦するしかなかった

それでも仕事に真正面から取り組み、『新刊ニュース』の編集では誌面改革を反対されてもあきらめずに実現し、部数を五〇〇〇部から一三万部へと伸ばしました。

編集の仕事を通じて知り合ったマスコミ関係者と独立プロを設立する話がもち上がり、スポンサーになってもらおうと訪ねたヨーカ堂で、「うちに来てやればいい」と幹部に誘われ、転職したものの、幹部は戦力がほしいだけでした。

転職は失敗でしたが、急成長期のヨーカ堂にとどまり、販促、人事、広報とおもに管理部門を担当し、全力で仕事をしました。

会社の知名度が低いなか、重いスライド映写機を肩にかついで全国の高校をまわり会社説明

会をするなど、新入社員を採用するための独自の方法を考えたりもしました。社員が納得のいく人事を行うための制度もいくつも発案しました。トップの反対を押してヨーカ堂の株式上場や労働組合結成も実現するなど、目の前の課題に次々と挑戦していったのです。

セブン-イレブンの創業も見込み違いからスタートしました。

米サウスランド社と難交渉の末、契約にこぎつけ、開示されたマニュアルは初心者向け入門書のような内容ばかりで、システマチックなノウハウがあるはずと考えたのは勝手な思いこみだった。だから、素人集団で既存の常識を崩し、ゼロから仕組みをつくっていきました。

大切なのは、人生が一段一段積み上がっていくこと

人間の生き方には三つのタイプがあるように思えます。

ひとつ目は、「これまでこうだったのだから」と過去の延長上で生きる生き方です。

ふたつ目は、将来に向けて明確な目標を立て、そこから逆算して一直線に着実に歩んでいく計画的な生き方です。一般的には、それが好ましい生き方のように思われているかもしれません。そのため、自分は計画性がなく、ダメな人間だと自信をなくしてしまう人も少なくないでしょう。

三つ目は、遠い将来のことというより、そのときそのときに直面するものごとに対し、「こ

うありたい」「こうあるべきだ」と、一歩先の未来に目を向け、可能性が見えたら、懸命に取り組んでいく生き方です。

まわりから見ると一直線の最短距離ではなく、あっちへ行ったり、こっちへ向いたりと方向が定まらないように見えても、本人からするとそれは真剣にそのときどきにやるべきだと思い、逃げてはいけないと思ったことに挑んだ結果であり、けっしてブレてはいない。

振り返るとわたし自身は、行き当たりばったりの生き方をしてきました。

ただ、行き当たりばったりでも、そのときの置かれた状況のなかで、出くわしたものごとに対し、真正面から真剣に取り組み、常に挑戦を続けた。結果として自分の人生が一段一段積み上がってきた。

いま思えば、いつも自分なりの存在価値を求め、自分らしい生き方をまっとうしようとしたから、そうした生き方になったように思います。

一般的に、人生は計画的に設計していかなければならないと思われるのは、「計画」や「目標」にはプラスのイメージがあるからでしょう。しかし、変化の時代には、長期的な目標を立てても、計画どおり行かないことが多いのも確かです。

一方、一見、行き当たりばったりのように見えても、本人はその都度、これをやるべきだと真剣に思い、懸命に生きている。

大切なのは、それが積み上がっていくかどうかです。何も積み上がらなければ、ただのいい加減で無責任な行き当たりばったりですが、歩んだ足跡として一段一段積み上がっていけば、それが自分の人生の軌跡になります。

最近は「第二新卒」という言葉があるほど、若い人たちは就職してもすぐ転職し、その後も転職を重ねるようです。この転職も同じで、大切なのは、そのときに真剣にこの会社に転じるべきだと思って転じ、人生を積み上げていけるかどうかでしょう。

5 当たり前のことを当たり前に行えば「非凡化」する

鈴木氏は自分の性格について、「歩道で目の前に樹木が倒れていたら、みんなが通りすぎていっても、見て見ぬふりをすることがあまり得意ではなく、放っておけないところがある」と表現する。

「目の前の倒れた木」は、もち上げてどけるのと、そのまま放っておくのと、どちらが当たり前かといえば、本来的には、どけるほうが当たり前だ。

その意味で、鈴木氏は「自分は当たり前のことを当たり前にやっているだけ」ともいう。

そこから「非凡さ」が生まれる理由を、こう話す。

世の中の真のプロフェッショナルといえる方々も、実は、凡人が思いもつかないような特別なことをやっているというよりは、当たり前のことを当たり前に、ただし、徹底して実行しているように見えます。

たとえば、この本でもたびたび登場していただいたアートディレクターの佐藤可士和さんです。数々の有名企業をクライアントにもち、いつも注目を浴びる佐藤さんの仕事は、天才的なひらめきで新しいデザインを自分のなかから生み出し、それをクライアント企業や商品に外から結びつけるといったイメージがあります。

しかし、セブン-イレブンの商品パッケージのロゴやデザインを刷新するブランディングプロジェクトで、佐藤さんといっしょに仕事をさせていただきながら見たその仕事の仕方は、実に地道なものでした。

まず、わたしたちクライアントの話をひたすら聞く。前述のとおり、わたしもふたりだけで何回もお会いし、自分の信念をすべてお話しし、社長以下、現場部隊も入ったミーティングは三〇回を超えました。

そのなかからクライアントのもっている本質的なものを引き出し、読み取る。それをもとに自分の考えをきちんとまとめる。それをクライアントにわかりやすく伝える。

当たり前のことを当たり前に実行する。そのため、プロジェクトのスタートから統一のデザインが生まれるまで、実に一年をかけたのです。

「〝当たり前〟とは〝あるべき姿〟のことで、いわば理想形です。〝当たり前〟のことができるのはものすごくレベルの高いことです」とは、佐藤さんの言葉です。

当たり前のことを徹底したら大ベストセラーが生まれた

一度、対談をさせていただいた幻冬舎の創業社長、見城徹さんも同様です。

見城さんは、独立する前は大手出版社に在籍され、名編集者として名を馳せました。

ただ、見城さんは、その出版社のブランド力で作家に作品を書いてもらうという楽な方法をとらず、その出版社では書かないという作家にあえて原稿をお願いするという、まわりが「無理だ」「不可能」と思うことに挑戦し、数多くのベストセラーを世に送り出しました。

そうすることに、編集者としての本来の存在価値があると感じていたのです。

どうやって、それを可能にしたのか。見城さんが話された方法とは、実に単純明快なものでした。

その作家の作品はすべて読み、相手の心に届くような手紙を書き続け、この人となら組みたいと思ってくれるまで、徹底的に努力する。大作家の五木寛之さんには二五通目にして、やっと会ってもらえたそうですが、そのときにはすでに信頼関係ができていたといいます。

意中の作家の信頼を得るために、作品をすべて読む、共感してもらえるまで手紙を書き続ける。当たり前のことを当たり前に徹底して実行していたことがわかります。

見城さんも、もし、二四通目の手紙を出した時点であきらめていたら、五木寛之さんと出会うことはなかったでしょう。見城さんがその後、独立して設立した幻冬舎から、二七〇万部の大ベストセラーとなる五木さんの随筆『大河の一滴』が生まれることもなかったでしょう。

一段一段上って「爆発点」にいたる

ものごとには水が沸点に達すると沸騰するように、ある一定のレベルまで積み上がると急にブレイクする「爆発点」があります。

典型的な例が、セブン-イレブンの店舗の日販です。たとえば、仙台地域は他のチェーンが軒並み進出し、セブン-イレブンの入る余地はないといわれましたが、最後発で進出し、いまは圧倒的なシェアをもっています。

セブン-イレブンでは、早くから「全国制覇」をめざした他チェーンとは対照的に、ドミナント(高密度多店舗出店)方式といって、一定エリア内に店舗ごとに商圏を隣接させながら短期間に集中出店し、店舗網を広げていく方法をとっています。

新しい地域に出店したばかりのころは、一店舗あたりの平均日販はあまり伸びません。しかし、その地域での出店数が一定レベルまで増えるとお客様の認知度が積み上がって、あるとき、爆発点に達し、日販のカーブが急速に立ち上がるようになります。

これは人間の仕事にも同じようにあてはまるように思います。

佐藤可士和さんと見城徹さんに共通するのは、「誰にとっての当たり前」なのか、その軸がブレないこと、そして、徹底して実行することです。

自分の都合の範囲内での当たり前ではなく、相手にとって当たり前のことを当たり前に徹底して実行し、愚直なまでに積み上げていくと、あるとき爆発点に達し、非凡化する。

相撲取りも一番一番、サッカー選手も一試合一試合、それを当たり前のこととして全力で戦い、勝つかどうかです。優勝の可能性はそのなかで見えてきます。成果は常に結果として出てくるものです。

そのときどきに、そうするのが当たり前だと思うこと、逃げてはいけないと思ったことに挑み、けっしてブレずに積み上げていく。なぜ、一段一段の積み上げが大切かといえば、あるとき、爆発点に達し、人が到達できない非凡な地点に到達できるからです。

わたし自身、仕事から手を引くまでは、あと何段積み上げれば満足ということはありません。目の前にある課題と向き合い、一段一段積み上げ続ける。それが人生というものではないでしょうか。

6　「みんな始まりは素人だ」

自分の頭で考え、仮説を立て、答えを導いていく。その際、ブレない視点をもち、シンプルな発想で判断して、迷わず決断し、実行していく。この仕事の仕方は難しいことなのか、それとも、誰にでもできることなのだろうか。

ひとつ興味深いのは、一度、窮地に陥った人たちは、共通して、そのような仕事の仕方をして、見事に立ち直り、成功にいたっていることだ。

この本の締めくくりに、鈴木氏が強く感銘を受けたというふたつの事例を紹介し、仕事をするとはどういうことなのかを示したい。ひとつ目は、前にもご登場いただいた集英社の鳥嶋和彦氏が率いた『週刊少年ジャンプ』の編集部隊の話だ。

同誌は一九九五年の新年合併号で発行部数が六五三万部というマンガ雑誌

としては史上最高を記録したあと、一気に急落する。一九九七年には約四〇〇万部までに激減し、講談社の『週刊少年マガジン』に逆転され、発行部数トップの座を二三年ぶりに譲る。鳥嶋氏が編集長として呼び戻されたのはそんなときだった。

鳥嶋さんが編集長に就任したとき、人気の連載はすでに終了していたり、終了が決まっていたりしていました。しかも、全国紙の一面トップに「『マガジン』『ジャンプ』を抜く」といった見出しが躍ったりして、編集部は浮き足立ち、仕事に集中できる環境になかった。そこで、鳥嶋さんは編集スタッフたちにこう訴えたそうです。

自分たちのライバルは『週刊少年マガジン』ではない。『週刊少年ジャンプ』のコンセプトはいままで何ひとつ間違っていない。だから、「小中学生の男の子に向けたマンガ」という原点に回帰しようと。

真の競争相手は他誌ではなく、お客様である。だから他誌に目を奪われる必要はない。

原点回帰の方針を徹底するため、鳥嶋さんは、前編集長が立てた企画を三ヵ月かけて関係者に頭を下げてまわって断り、スタッフには「次の企画は何もないから、君たちが新しくつくるしかない」と退路を断ちます。

原点回帰は、まさに過去の経験の否定から始まったのです。

『週刊少年ジャンプ』が復活のために取り戻したもの

週刊少年マンガ雑誌のなかでも後発だった『週刊少年ジャンプ』は、創刊時に作家集めに苦労したことから、新人作家を発掘し、作家に作品づくりを任せる従来のやり方ではなく、編集者と「二人三脚」でつくるかたちを生み出したそうです。

そして、もうひとつ取り入れたのが、雑誌にアンケートはがきをつけ、読者の子どもたちに毎号、面白かった作品を三つあげてもらう独自の手法でした。

アンケート結果の速報値がわかる発売日翌日の夕方は、次の号の原稿の手直しがぎりぎり間に合います。アンケートでいまのマンガ展開が支持されていないとわかると、すでにできあっている原稿でも、すぐにマンガ家に連絡して打ち合わせを行い、描き直してもらうのです。

これはまさに「仮説・検証」です。編集者とマンガ家が展開や内容について、仮説を立て、その結果をアンケートはがきで検証し、読者のニーズに応え続けるのです。

その展開や内容を考える際も独自の視点と発想がありました。

鳥嶋さんによれば、絵本や児童文学などは、大人視点で「こういうのを読んでくれるといいな」と考えて書かれたものであるのに対し、マンガは子どもたちの声を活かし、子どもたちの等身大のところでテーマを設定し、キャラクターをつくる。

特に大切なのは、なかのエピソードをどうつくるかより、魅力的なキャラクター、気になるキャラクターをつくることにある。そして、登場人物が自分にとって大切であると感じさせることを〝キャラクターを立てる〟といい、キャラクターが立っているかどうかが大きな基準になる。

つまり、マンガは大人の立場からの「子どものために」ではなく、「子どもたちの立場で」魅力的で気になるキャラクターをつくることが第一であり、展開や内容は「キャラクターが立っているかどうか」が判断基準になる。

こうして原点に回帰し、『週刊少年ジャンプ』ならではの視点と発想を取り戻し、「仮説・検証」をくり返すなかで、『ONE PIECE』をはじめとする新たな看板人気作品が誕生していきます。そして、二〇〇二年には『週刊少年マガジン』を抜いて、再び発行部数一位を奪還するのです。

もし、発行部数一位の座を奪われたとき、『週刊少年マガジン』の動きに目を奪われ、そこにねらいを定めたままだったら、その後の『週刊少年ジャンプ』はなかったかもしれません。

自分たちの頭で考え、仮説を立て、作品をつくり出し、タマを撃つ。その際、独自の変わらない視点と単純明快な発想があれば、そうそう外れはしない。結果をアンケートはがきで検証し、読者のニーズへの的中率を高めていく。常に挑戦を忘れず、『ONE PIECE』のように、初め賛否両論に分かれた作品にも一歩踏み込んでトライしていく。

こうして本来の仕事のあり方に立ち返り、一段一段積み上げ、力を取り戻していったプロセスは非常に印象的です。

大ヒット純米大吟醸「獺祭」はこうして誕生した

ふたつ目は、大ヒットした純米大吟醸「獺祭《だっさい》」で知られる山口県の酒造メーカー、旭酒造の事例だ。鈴木氏は、逆境から出発し、大きな飛躍を実現した社長、桜井博志氏と広報誌で対談し、セブン-イレブンを創業した自分たちとの共通点に共感したという。

旭酒造は創業二四五年の歴史を誇るが、先代の急逝により、三〇年前に桜井氏が跡を継いだときには、売上高は戦後の全盛期の三分の一に減り、「山口県内の酒蔵のなかでも売れていない〝負け組〟で廃業寸前」だった。

そこで、商品を「獺祭」という新銘柄の純米大吟醸に絞り込み、大消費市場の東京への進出を決意する。鈴木氏が共感したのは、そのときの取り組み方だった。

再出発の際、画期的だったのは、酒づくりを担う伝統的な職人である杜氏を使わず、素人の社員だけでの酒づくりに踏みきったことでした。

桜井さんは、杜氏が高齢化し、継承する若い人も少ない現状では、杜氏に頼った酒づくりは早晩行きづまると見ていました。そのため、実際に杜氏を探すのが難しくなったとき、社員でつくろうと決断できたといいます。

そして、社員だけで酒づくりを行うため、自分たちでそれを実現する方法を考え出していきます。社員なので日曜は休まなければなりません。製造能力の減少分をカバーするため、蔵全体を低温に保つことで一年をとおして製造する「四季醸造」など、酒造業の常識を打ち破る新たな挑戦を次々と打ち出していくのです。

特に画期的だったのは杜氏の技術力に頼らず、酒づくりを行うため、客観的なデータを重視したことだった。

蒸し米に麹菌を振りかけてデンプンを糖に変える麹づくりでは、杜氏が手の感覚で水分量を加減するところを、水分計で測る。タンク内で糖が酵母により発酵した醪《もろみ》は温度管理が難しく、温度を〇・一度の精度でこまめに測りながら、手作業の櫂《かい》入れ（長い棒で全体を均一にかき混ぜる）の強弱で制御する。

伝統的な方法をあえて否定し、いわゆる、「匠の技」「秘伝の技術」的な世界とは決別したからこそ、逆に「最高の品質を絶えずめざす」。そのため、「勘や経験ではなく客観的なデータに基づいて判断する」。それが旭酒造の酒づくりだった。

そのつくり方を聞くと、データ万能主義のように聞こえますが、注目すべきは、あくまでも人間の判断が中心となっていることです。

桜井さんいわく、数値管理で大切なのは、判断を下すのは人間であり、データは、あくまでも今日までの過去の結果であって、データが自動的に明日のことを教えてくれるわけではなく、人間が判断するためにデータは必要なのだと。

酒づくりは微生物が相手なので、ひとつとして同じ醪はできず、状態も常に変化し、次々と問題も生じます。社員たちがデータをもとに状況を把握し、解決策を自分たちで考え、結果をデータで測る。わたしたちがコンビニの店舗で行う商品発注の「仮説・検証」と同じ仕事がそこでは行われているのです。

桜井氏によれば、「最初は素人でも一〇〇点満点で七〇点の酒をつくる」ことから始めたといいます。その結果、お客様においしいと思ってもらうことができて、売り上げは伸びていった。酒も量から質へと流れが変わった社会にフィットする商品は生き残れることを検証できてからは、常に一歩踏み込んで、点数を少しでもあげ、「いまは一〇〇点満点近くをめざせるところまできました」といいます。

酒づくりにおいて「仮説・検証」をくり返しながら、社員たちだけで、純米大吟醸のあるべき姿をめざして、一段一段積み上げていく。桜井さんの次の言葉はとても印象的です。

「少しでもおいしい酒をお届けするため、わたしたちが進めてきた方法は、ともすると、とんでもなく低いレベルにありながら、〝酒づくりの心〟とか〝伝統の匠の技〟とか情緒的なことばかりを標榜し、技術をブラックボックス化することで、自分たちの立場を守ろうとする日本酒業界のつくり手たちへのアンチテーゼでもありました」

つくり手の立場を守るのではなく、お客様にとっておいしい酒を届ける。それは常に「お客様の立場で」考えるという、わたしたちの変わらない考え方と共通したのです。


その結果、旭酒造は山口県の「負け組」から、純米大吟醸の出荷量では

「日本最大」へと飛躍を実現。専門誌やネット上のランキングでも人気一位を獲得。ニューヨークをはじめ、海外のレストランでも日本を代表するブランドとして好評を博し、「日本酒業界の革命児」と呼ばれるにいたるのだ。

悩みや行きづまりのときに戻るべき原点

この本では、わたしがずっと変わらず実践してきた仕事の仕方を、順に示してきました。自分の頭で考え、仮説を立て、答えを導いていく。その際、変わらない視点をもち、ものごとの本質を見抜き、できるだけ難しく考えずに単純明快に発想し、迷わず決断し、実行していく。

この仕事の仕方は、二〇代の若手社員から、三〇～四〇代の管理職、さらに、経営幹部や経営トップにいたるまで、誰もが実践すべき本来的な仕事のあり方であり、それぞれに次元やスケールが違うだけで、基本は同じです。

もちろん、管理職になれば、人や組織をマネジメントする仕事も加わりますが、重要なのはコミュニケーション能力であるという点では、若手社員も同じです。

基本的な仕事の仕方、本来的な仕事のあり方をしっかり実践できる人が、成果を出し、評価され、しかるべきポジションについていくことが可能になるともいえます。

世の中にはさまざまな分析の手法やスキルが存在し、書店には関連したノウハウ本も多く並んでいて、それを身につけることがあたかも自分の能力アップにつながると思われがちです。しかし、どんなに分析のスキルを身につけても、そのスキルを使い、いまあるマーケットにいる「二匹目のどじょう」をねらうばかりでは、何の成果にも結びつきません。

一歩先の未来に向けて、自分で考えることができるかどうかです。

『週刊少年ジャンプ』の原点回帰の誌面づくりも、「獺祭」の社員だけによる酒づくりも、過去の経験を否定し、一歩先の未来に向け、自分たちで挑戦を続けた。

それをするのが当たり前ということを当たり前に実行し、積み上げていくことで、力を取り戻すなり、ヒット商品を生み出すなりしていったのです。

読者のなかには、いま、仕事の仕方で悩んでいたり、行きづまったりしている人も少なからずいるでしょう。

わたしも、サウスランド社から開示された経営マニュアルがまったく使いものにならないことに気づいたときは呆然とし、目の前が真っ暗になりました。創業のため、アメリカに研修に来ているときで、新事業立ち上げに集まってくれた社員たちは研修に励んでおり、「こんなの勉強しても無駄だ。日本では通用しない」とはとてもいえませんでした。

ただ、サウスランド社の経営マニュアルが使えなかったからこそ、逆に素人の自分たちの頭で考えるようになったのです。もし、マニュアルがある程度使えたら、それに依存し、いまのセブン-イレブンはなかったかもしれません。

仕事で何らかの壁にぶつかったとき、状況は個人個人によって違うため、解決策に正解はなく、自分の頭で答えを導き出し、自分で仕事の仕方を見つけていくしかありません。

自分は仮説を立てて仕事をしているか。変わらない視点をもっているか。ものごとの本質を見抜いて判断できているか。それはけっして難しいことではなく、誰にでもできることです。

セブン-イレブン創業期、製パンメーカーに正月も製造を依頼し、交渉で壁にぶつかったとき、わたしは肩を落とす担当者にこういって励ましました。

「ぼくらはもともと素人集団だ。原点を忘れずにいよう」

この言葉の根源的な意味合いはいまでも、誰にとっても生きています。素人は視点がブレることなく、発想もシンプルで、答えを知らない分、自然に仮説を立てていくからです。

この本の締めくくりとして、もう一度この言葉をお贈りしたいと思います。

「みんな始まりは素人だ。原点を忘れずにいよう」

おわりに

構成担当・勝見　明

「たとえば、歩道で目の前に樹木が倒れていたら、みんなが通りすぎていっても放っておけないところがある。見て見ぬふりをすることがあまり得意じゃない。あえていえば、反逆精神みたいなもの」

筆者はこれまで、鈴木敏文氏に数多く面会し、インタビューをさせてもらう機会を得て、数々の名言を記録してきましたが、そのなかでも特に印象に残ったのは、本文でも紹介した自身のパーソナリティを評したこの言葉でした。

道ばたに木が倒れていたら、多くの人は気にせず、そのまま歩いていくでしょう。倒れている木など、まったく目に入らない人のほうが大半かもしれません。横を通り抜けられれば、そうするほうが楽です。道ばたの木をどけるなど、特に自分がやる必要はないかもしれません。

しかし、鈴木氏にはそれができない。倒れた木は歩くのに障害になり、どけるのが当たり前だから、それを行う。まわりの人が目に入ってもよけて通ってしまうような、あるいは、まわりの人の目には入らない、「目の前の倒れた木」と、一本、一本、真正面から向き合う。その結果、みんながもっと自由に通れるようになり、どけたことで、そこには新しい光景が開ける。鈴木氏の歩みはそのくり返しだったように思います。

セブン‐イレブンの創業も、そのなかの一本でした。どうすれば大型店と小型店の共存共栄が可能なのか。何がその実現を妨げているのか。それは誰もが目を向けようとしなかった「目の前の倒れた木」で、それをどけるために行ったのが、大型店と小型店の共存が可能なことを示すためのセブン‐イレブンの創業でした。

木をもち上げてどけると、そこには「コンビニのある生活」という新しい道が開けました。その新しい道でも、次から次へと倒れた木に遭遇しながら、目を背けずにひとつひとつ解決していった。その一段一段の積み上がりの成果が、同業の他チェーンに全店平均日販一二万円以上の差をつけているいまのセブン‐イレブンの姿です。

広くビジネスの世界でも、成果を出してきた人たちは、その都度、「目の前の倒れた木」ときちんと向き合ってきた人たちであり、逆に成果をなかなか出せずにいる人は、多くの場合、目にフィルターがかかっていて、木が見えないか、あるいは、仮に目に入ってもよけてきた人たちではないかということができるかもしれません。

「目の前の倒れた木」を自分からもち上げてどけようとするか、よけて通るか、人間の仕事人生は、それによって大きく変わってくるのでしょう。

倒れた木をどけるのは、ひとつの挑戦であり、大変そうに見えて、背中を押すのは単純明快な原理です。

常に「歩く人の立場で」、ものごとを見る視点をもてば、倒れた木が必ず目に入り、「倒れたままよりどけたほうが必ずよくなる」という一歩先の未来に目を向け、いま何をすべきか自分の頭で考え、「みんなもそうあってほしいはずだ」とシンプルに発想して、迷わず決断し、実行できる。

世の中には、自分の仕事でなかなか一歩前に踏み出せずにいる人も多いでしょう。

「惰性の感覚」で仕事をすることもできます。惰性とは、いままで続いてきて、改められない習慣やクセのことです。鈴木氏がもっとも批判するのは、惰性のまま、過去の延長上でものごとを考え、行動することです。惰性の感覚が染みついたときから、人生は輝きを失っていくからです。

本書は、誰でも「目の前の倒れた木」が目に入り、木をどけるという、新しい世界に向けた挑戦に踏み出せるよう、鈴木流の仕事術を「自分の頭で考える仮説力」「ブレない視点」「シンプルな発想」「伝える力」「運を引き寄せる力」という切り口で紹介するものでした。

「人間は本来、善意の生きものであり、こうありたい、ああありたいと思っているときのほうが心が安定していて、仕事においても際限なく何かを求めようとする。その心境こそが〝生きる〟ということである」

それは鈴木氏の一貫した人間観です。だから、挑戦することを求める。

本書で、そんな鈴木流の「生き方」の一端でも伝わっていることを願う次第です。

鈴木敏文（すずき・としふみ）

セブン＆アイ・ホールディングス会長兼CEO

一九三二年、長野県生まれ。一九五六年、中央大学経済学部卒業後、書籍取次大手の東京出版販売（現・トーハン）に入社。一九六三年、ヨーカ堂（現・イトーヨーカ堂）へ移る。一九七三年、セブン-イレブン・ジャパンを設立し、コンビニエンスストアを全国に広め、日本一の流通グループとして今日まで流通業界を牽引。二〇〇三年、勲一等瑞宝章を受章。同年一一月、中央大学名誉博士学位授与。経団連副会長、中央大学理事長などを歴任。著書には『朝令暮改の発想――仕事の壁を突破する95の直言』（新潮文庫）、『売る力――心をつかむ仕事術』（文春新書）、『挑戦 我がロマン』（日経ビジネス人文庫）ほかがある。

勝見 明（かつみ・あきら）

ジャーナリスト

一九五二年、神奈川県生まれ。東京大学教養学部中退。フリーのジャーナリストとして経済・経営分野で執筆・講演活動を続ける。専門はイノベーションを生む組織行動、リーダーシップ論。著書には、鈴木流経営学の真髄を解き明かした三部作『鈴木敏文の「統計心理学」〈新装版〉』『鈴木敏文の「話し下手でも成功できる」』（以上、プレジデント社）、『鈴木敏文の「本当のようなウソを見抜く」』（日経ビジネス人文庫）のほか、『全員経営』（野中郁次郎・一橋大学名誉教授との共著、日本経済新聞出版社）など多数。

働《はたら》く力《ちから》を君《きみ》に

二〇一六年一月一九日　第一刷発行
二〇一六年三月一八日　第五刷発行

著者　鈴《すず》木《き》敏文《としふみ》
構成　勝見《かつみ》　明《あきら》

発行者　鈴木　哲
発行所　株式会社講談社
東京都文京区音羽二丁目一二―二一　郵便番号一一二―八〇〇一
電話　編集〇三―五三九五―三五二二
販売〇三―五三九五―四四一五
業務〇三―五三九五―三六一五
印刷所　慶昌堂印刷株式会社
製本所　株式会社国宝社

ISBN978-4-06-219911-7　N.D.C.916　188mm　232p